Helmut Frommer
Hermann Bizer

1950 – ein schwäbisches Dorf

Leidringer Frauen in der damals noch üblichen Tracht

Helmut Frommer
Hermann Bizer

1950 – ein schwäbisches Dorf

Silberburg-Verlag

Für meinen Vater Max Frommer, der am
19. Dezember 2004 hundert Jahre alt geworden wäre.

1. Auflage 2005

Titus Häussermann GmbH,
Schönbuchstraße 48, D-72074 Tübingen.

Umschlaggestaltung: Anette Wenzel, Tübingen.
Druck: Gulde-Druck, Tübingen.
Printed in Germany.

ISBN 3-87407-660-1

Besuchen Sie uns im Internet
und entdecken Sie die Vielfalt unseres
Verlagsprogramms:
www.silberburg.de

Inhalt

Einführung

Auch heute noch träume ich oft von Isingen, einem Isingen, wie es um 1950 war, und das es so heute nicht mehr gibt. Dann bin ich frühmorgens zum Grünfutterholen unterwegs, das Fohlen springt frei neben dem Fuhrwerk her; ich höre das Knacken der Grashalme beim Mähen und das ganz besondere Geräusch des Sensenblatts beim zwischendurch notwendigen Wetzen mit dem Wetzstein; ich rieche den Duft des frisch gemähten Grases, reche es zusammen und lade es mit der Gabel auf den Wagen. Oder ich stehe am Rande eines riesigen Weizenfeldes auf *Bonlanden**; das reife Getreide knistert in der Sonne. Der Blick schweift über das für den Getreidemäher vorbereitete Feld hin zur Kette der Albberge vom Hohenzollern bis zum Plettenberg, die einen so unvergleichbaren und unvergesslichen Rahmen für alle Arbeiten auf freiem Feld auf der Isinger Gemarkung am Kleinen Heuberg abgeben. Und dann sitze ich auf der Ablegerseite der Mähmaschine, gezogen von zwei Pferden, und habe den Spezialrechen in der Hand, mit dem ich in regelmäßigen Abständen das Mähgut vom Mähtisch auf die frisch geschnittenen Stoppeln abstreife. Rund um den Acker wird es von Helfern und Helferinnen mit der Sichel aufgenommen und als *Heckle* zur Seite gelegt, damit die Fahrgasse für die nächste Mährunde wieder frei ist.

Oder ich liege an einem Feldrain, die Mücken summen, ich sehe den am blauen Himmel vorbeiziehenden Wolken nach, mit mir und der Welt zufrieden am Ende einer Mittagspause auf dem *Feld*. Zu deren Beginn hatte meine Tante für alle einen ordentlichen *Rinken* Brot vom großen Laib geschnitten. Dazu wurden Brettchen ausgeteilt, auf denen man mit scharfem Messer ein Stück Speck in feine Streifen schnitt und mit dem Brot zusammen aß.

Viele verschiedene Gerüche begleiten diese Träume, zum Beispiel die des Öhmdgrases oder des frisch umgepflügten Ackerbodens, aber auch die beim Mistladen oder beim Gülleführen. Ich spüre förmlich den warmen Mief der Viehställe und das wohlige Gefühl, das einen durchströmt, wenn man sich eng an einen Pferdeleib schmiegt. Und nicht zuletzt empfinde ich in diesen Träumen auch immer wieder den Stolz, der mich erfüllte, wenn ich in den üblichen bäuerlichen Tätigkeiten – dem Städter, Schüler, Studenten eher ungewohnt – meinen Mann stellen konnte und als geschickte, anstellige, letzten Endes vollwertige Arbeitskraft, mehr durch Übertragung entsprechender Aufgaben, denn durch besonderes Lob, die Anerkennung meines Onkels oder meiner Tante fand.

Meine Träume sind mir ein lebendiges Zeichen dafür, wie tief ich im Isinger Bauernleben von 1950 auch heute noch verwurzelt bin. Obwohl ich die ganzen Jahre über nur die Ferienwochen dort verbringen konnte, empfand ich das Zurückkommen nach Isingen immer als ein Eintauchen in meine eigentliche Heimat. Es war nicht so, dass ich dorthin in Ferien ging, um danach wieder nach Saulgau heimzukehren, sondern ich lebte innerlich in und mit Isingen, musste eben notgedrungen auf einen dauernden Aufenthalt dort verzichten. Vielleicht ging dieses tiefe Gefühl der Verbundenheit mit Isingen auf meinen Vater zurück, der uns als Kinder früh in das dörfliche Leben seines Geburtsortes einbezogen hatte und dessen lebenslange Verbundenheit und Liebe zu Isingen in all seinen Äußerungen deutlich wurde. Vielleicht wurde es bei uns Kindern auch gefördert durch die Geborgenheit, die wir empfanden, weil im Dorf in so vielen Häusern Onkel und Tanten, Vettern und Basen lebten, darüber hinaus entferntere Verwandte, die einen alle aufgefangen hätten, wenn irgendetwas schief gelaufen wäre.

Warum auch immer: Ich bin in meinem tiefsten Herzen bis heute ein Bauer geblieben, ein Bauer allerdings vom Kleinen Heuberg, mit ein paar Morgen Land, einem Pferd und vier Kühen, und unter den Bedingungen der Kleinlandwirtschaft um 1950. Ich merke das einerseits an dem Interesse, das ich noch heute an praktischer, gärtnerischer oder landwirtschaftlicher Tätigkeit habe und mit dem ich die Weiterentwicklung in allen diesen Bereichen beobachte und begleite. Und ich merke andererseits, wie wenig mir der vor allem betriebswirtschaftlich geführte landwirtschaftliche Großbetrieb von heute bedeutet, der ganz ohne Nutztiere auskommt oder sich auf die Produktion von Milch oder Eiern, von Rind- oder Schweinefleisch spezialisiert hat. Das ist nicht mehr meine Welt bäuerlichen Lebens, und eben weil diese bald ganz verschwunden sein wird, möchte ich versuchen, sie in diesem Buch in der Erinnerung festzuhalten.

Indem ich niederzuschreiben begann, schoben sich andere, realistischere Bilder in den Vordergrund. Die Träume blieben, aber sie wurden überlagert von Szenen, die von einem vergleichsweise harten Leben und schwerer Arbeit zeugten. Da ging es etwa um das Hochstemmen großer Garben auf das vierte *Gleck* eines Erntewagens, um das Schleppen zentnerschwerer Getreidesäcke während des Dreschens über mehrere Stockwerke und steile Treppen in die Trockenbuchten auf der *Bühne*, um das tagelange Gehen hinter dem Pflug auf steinigen Äckern oder um stundenlanges Mähen von Hand mit Sense oder *Hudel*. Da tat der Rücken weh beim Unkrauthacken und man hatte aufgesprungene, *schrundige* Hände vom Kartoffellesen; es fror einen erbärmlich bei der Rübenernte, wenn der erste Wintereinbruch schon sehr früh kam, oder aber der Schweiß floss in Strömen, wenn man beim Abladen direkt unter dem Scheunendach, auf das die Sonne niederknallte, auf dem *Barn* die Garben eng aufeinander schichten musste, damit die ganze Ernte Platz fand. Beim Dreschen drang der Staub durch und durch, und wenn bei Gerste oder Roggen noch zusätzlich Grannen anfielen, juckte es am ganzen Körper so unerträglich, dass man gar nicht mehr wusste, wo anfangen und wo aufhören zu kratzen. Nach einem anstrengenden Dreschtag konnte man sich nicht einfach unter die heiße Dusche stellen, sondern man wusch sich mühsam mit ein paar *Schapfen* warmen Wassers in der Waschschüssel so gut es ging ab und schlüpfte dann wieder in die gebrauchten Kleidungsstücke, die man durch Ausschütteln oder Ausklopfen vom gröbsten Staub befreit hatte. Mangelhafter Regenschutz sorgte dafür, dass man während der Obsternte durchnässt und frierend nach Hause kam. Die Finger waren so klamm, dass man es kaum schaffte, die *Schuhbändel* der schweren Stiefel zu lösen, die man noch auf dem Felde notdürftig von den riesigen Erdklumpen befreit hatte, die sich während der Arbeit an ihnen festsetzten.

Im Winter war es im Haus selbst allein in der Küche und in der Stube warm; darüber hinaus herrschte nur noch im Stall eine einigermaßen angenehme Temperatur. In den Hauptarbeitszeiten – vor allem während des Heuet, der Getreideernte und des Öhmdens, aber auch solange man in die Kartoffeln oder Rüben ging – waren alle Familienmitglieder von frühmorgens bisspät abends auf den Beinen. Ich erinnere mich, dass mehr als einmal mein Onkel, damals noch keine fünfzig Jahre alt, zu müde war, um ins Bett zu gehen; er schlief während des Nachtessens, am *Stubentisch* sitzend, einfach ein. Auch die damit aufgezeigte, nun gar nicht mehr so »traumhafte« Seite bäuerlichen Lebens soll in meinen Erinnerungen auferstehen!

Neben dem persönlich erlebten und auch heute noch überaus lebendigen Bezug zum bäuerlichen Leben um 1950 gab es für mich noch drei weitere wichtige Gründe, das Thema Isingen aufzugreifen. Da ist einmal das 1983 beim Konrad Theiss Verlag, Stuttgart, erschienene Buch meines Vaters »Vom Leben auf dem Lande: Isingen 1910« (vergriffen), in dem er darstellt, wie er dieses Dorf nach der Jahrhundertwende selbst erlebt hat, und welche Gedanken er sich im Nachhinein über das Zusammenleben in der dörflichen Gemeinschaft und über die Sitten und Gebräuche, die das Familien- und das Arbeitsleben bestimmt haben, gemacht hat. Dieses Kolossalgemälde wollte ich um ein paar Skizzen ergänzen, die zeigen, was alles während eines halben Jahrhunderts – gebrandmarkt durch Nationalsozialismus und zwei Weltkriege – in einem pietistisch geprägten württembergischen Dorf im kleinbäuerlichen Umfeld anders geworden und was, allen Umbrüchen zum Trotz, geblieben ist. Der damit direkt mögliche Vergleich dürfte, so hoffe ich, nicht nur für Heimatforscher und Volkskundler von Interesse sein.

Zum Zweiten bin ich der Überzeugung, dass die Mitte des letzten Jahrhunderts einen epochalen Einschnitt in der Entwicklung unserer Dorfstrukturen markiert. Insofern galt es also festzuhalten, was lange Zeit so oder ähnlich gewachsen war, inzwischen sich aber grundlegend gewandelt hat, sodass das überkommene Alte der allgemeinen Erinnerung verloren gehen wird. Um 1950 war das Leben in Isingen noch geprägt von kleinen und sehr kleinen Landwirtschaftsbetrieben. Es gab praktisch nur Bauernhäuser im Ort. Je mehr Land ein Bauer besaß und umtrieb, umso angesehener war er. Führende Schicht im Dorf waren die selbständigen Bauern, die – ohne dies im täglichen Zusammenleben besonders auszuspielen – doch auf die eher herabsahen, die sich als Arbeiter in Fabriken verdingt hatten und sich als Nebenerwerbs-

Hermann Bizer, der die Bilder in diesem Buch fotografiert hat, als Erntehelfer

landwirte ein Zubrot verdienen mussten, um zu überleben. Diese christlich (evangelisch) orientierte und recht konservativ eingestellte »Dorfehrbarkeit« stellte die überwiegende Mehrheit im demokratisch gewählten Gemeinderat – was Rückschlüsse auf die damalige Sozialstruktur des Ortes zulässt – und bestimmte somit die Gemeindepolitik. Sie hielt fest an den überkommenen Formen des Füreinander-

Daseins, an den alten Sitten und den gewachsenen Bräuchen, und wachte darüber, dass es nicht zu Fehlverhalten kam; ansonsten wurde dies, entsprechend den bestehenden Regeln sanktioniert.

Aber der Wandel bahnte sich bereits an: Die Nebenerwerbslandwirte schafften sich mit dem in abhängiger Arbeit verdienten Geld arbeitserleichternde Maschinen an, die sich die mit Bargeld ewig knappen Vollerwerbsbauern finanziell noch gar nicht leisten konnten. Die Arbeiter gingen auch voraus, als es darum ging, die bis dato sehr einfachen Wohnverhältnisse zu verbessern, sich zunächst mit Motorrädern, später mit Autos zu mobilisieren. Schließlich gaben sie die Landwirtschaft ganz auf, hatten freie Wochenenden und konnten Urlaub in fernen Ländern machen. All das konnten sich die Bauern zunächst nicht leisten. So sank nach und nach das Sozialprestige der einen und hob sich das der anderen Gruppe. Ganze Wohnsiedlungen entstanden neu; die Landwirtschaft im Ort wurde auf ein paar wenige Großbetriebe zurückgedrängt. Im gegenwärtigen Ortschaftsrat (im Jahr 2003) – Isingen ist inzwischen ein Ortsteil der Stadt Rosenfeld – gibt es nur noch einen Bauern und der Ortsvorsteher ist ein *Reingeschmeckter*! Bei wenigen Gelegenheiten, so zum Beispiel bei goldenen Hochzeiten oder bei der Beerdigung Alteingesessener, flammen Teile der alten Sitten und Bräuche, getragen von beinahe nur über 60-Jährigen, noch einmal auf.

Zum Dritten erfuhr ich von meiner Base Dorle, dass der damalige einzige Lehrer der Rosenfelder Realschule, Hermann Bizer (1904–1964), ein begeisterter Fotograf gewesen sei und schon um 1950 Farbdias gemacht habe. Rund um Rosenfeld war er zu Fuß oder mit dem Fahrrad unterwegs gewesen und hatte viele eindrucksvolle Szenen auf Fotos festgehalten, die zeigen, wie man damals in Land- und Hauswirtschaft arbeitete. Die Bilder stammen zwar nur zu einem Teil aus Isingen, aber auch die aus Bickelsberg, Binsdorf, Erlaheim, Täbingen, Rosenfeld und Leidringen bieten ein authentisches Szenarium des Lebens auf dem Lande. So konnte – dank dem Entgegenkommen der Bizer'schen Erben – für dieses Buch eine Auswahl aus vielen hundert Dias getroffen werden; sie illustrieren sehr eindrücklich, was in den einzelnen Kapiteln beschrieben wird. Leider sehen die Bilder manchmal ein wenig »gestellt« aus. Aber es war halt zu dieser Zeit etwas ganz Besonderes, bei der Arbeit fotografiert zu werden, und jeder, ob Mann oder Frau, wollte auf dem Bild gut aussehen und auch sein Fuhrwerk, sein Werkzeug und die geleistete Arbeit ins rechte Licht rücken. In den ausgewählten Bildern sehe ich nicht vor allem eine ergänzende Illustration, sondern eine zusätzliche unbestechliche Dokumentation der damaligen Verhältnisse, die manche Zusammenhänge und Hintergründe besser beschreibt und – im wahrsten Sinne des Wortes – augenfälliger macht, als Worte das können. Dass die frohe Farbigkeit der Bilder – Hermann Bizer konnte damals nur bei schönem Wetter und gutem natürlichen Licht fotografieren – eine Idylle des Landlebens suggeriert, die es in dieser Form, bei aller Nostalgie, nie gegeben hat, braucht wohl kaum besonders erwähnt zu werden.

Das Buch folgt in seinem Aufbau dem, den mein Vater für seines gewählt hat, in der Absicht, interessierten Lesern so den Vergleich zwischen den Berichtszeiten zu erleichtern. Lediglich auf einen Abschnitt über das Isinger Bauernhaus habe ich verzichtet. Es wäre hier auch nicht viel Neues zu erzählen gewesen, hatte es doch in der ersten Hälfte des zwanzigsten Jahrhunderts kaum Neubauten gegeben, und wenn, dann waren es Bauernhäuser, die ganz und gar in traditioneller Weise aufgeführt wurden. Alle wichtigen Veränderungen, wie der Ausbau einer zentralen Wasserversorgung oder der Anschluss an das Stromnetz, hatten bereits früher stattgefunden.

Stattdessen habe ich ein Kapitel zur Hauswirtschaft eingefügt, in dem ich Berichtsstränge aufnehme, weiterführe und zusammenfasse, die im Buch meines Vaters verteilt auf die Abschnitte »Bauernhaus« und »Leben in der Familie« bereits angelegt sind. Seine Kapitelüberschriften »Landwirtschaft«, »Leben in der Familie« und »Leben in der Gemeinde« habe ich in meinem Buch übernommen. Angefügt wird lediglich ein kürzerer Abschnitt über Isingen im Jahr 1945, weil ich der Ansicht bin, dass noch 1950 vieles im Dorfleben und im Verhalten der Menschen seinen Ursprung im traumatischen Erlebnis des Kriegsendes hatte und nur dann richtig verstanden werden kann, wenn man sich die Ereignisse vor, beim und nach dem Einmarsch der »feindlichen« Truppen vor Augen hält.

An das Schreiben dieses Buches hätte ich mich gar nicht herangewagt, wenn ich mir nicht der Unterstützung meiner achtzehn direkten oder angeheirateten Vettern und Basen sicher gewesen wäre, die, inzwischen alle zwischen sechzig und achtzig Jahre alt, auch heute noch in Isingen leben. Mit ihnen habe ich Erinnerungen ausgetauscht und die Zeit um 1950, immer aus der speziellen Sicht jedes Einzelnen, wieder lebendig werden lassen. Nachdem ich ein Kapitel erstmals niedergeschrieben hatte, habe ich es ausgedruckt und in mehreren Exemplaren nach Isingen geschickt. Nach einiger Zeit verbrachte ich dann jeweils einen ganzen Tag damit, um in verschiedenen Großfamilien meiner Verwandtschaft über den Inhalt zu sprechen. Ich bekam viele Anregungen, was ich streichen, korrigieren oder ergänzen sollte, und ich arbeitete all dies anschließend in den Text ein. Zuletzt wurde das vollständige Manuskript von meinem Bruder Heiner, der sich in der Berichtszeit sehr viel in Isingen aufhielt, und von meiner ältesten Base Hedwig, die die Zeit um 1950 schon als Erwachsene erlebte, durchgesehen. Dies hat an manchen Stellen erneut zur Überarbeitung geführt und ich kann davon ausgehen, dass alles, was jetzt über das Leben auf dem Lande in Isingen um 1950 geschrieben steht, auch tatsächlich so war. Meine Bemühungen um ein möglichst objektives Bild mögen alle diejenigen schätzen, die daran interessiert sind, einen Lebensausschnitt aus früherer Zeit vor ihrem inneren Auge wieder lebendig werden zu lassen.

* Kursiv gesetzt sind Ausdrücke, die der Isinger Mundart entstammen, landwirtschaftliche, nicht allgemeinem Sprachgebrauch entsprechende und andere Isingenspezifische Ausdrücke wie die Namen von Flurstücken.

Isingen im Jahr 1945

Es erscheint gerechtfertigt, ja geradezu notwendig, einer Beschreibung des (bäuerlichen) Lebens um 1950 in Isingen einen Bericht über das Schicksalsjahr 1945 voranzustellen, waren doch die einschneidenden Ereignisse dieser Zeit noch in allen Herzen und Köpfen lebendig und hatten die Menschen noch täglich mit deren Nachwehen zu schaffen, sei es im persönlichen, im wirtschaftlichen, im kommunalen oder im politischen Bereich.

Das Frühjahr

Die Grundstimmung der Bevölkerung – und damit auch der Isinger – zu Beginn des Jahres 1945 war sehr gedrückt. Der Krieg hatte in Ost und West Deutschland erreicht und trotz heftiger Durchhalteparolen und eifriger Kriegspropaganda glaubte kaum mehr jemand an den so viel beschworenen Endsieg. Die aufs Land evakuierten Großstädter erzählten von den schrecklichen Bombennächten und berichteten von der Zerstörung ganzer Stadtviertel. Immer häufiger musste der Ortsbauernführer die Nachricht vom Tod eines Soldaten überbringen, gefallen für »Führer, Volk und Vaterland«, wie die stereotype Formel in der Zeitungsanzeige zu lauten hatte. Am Ende des Krieges zählte man in Isingen 22 Gefallene und sechs Vermisste; beinahe jedes dritte Haus trafen tiefes Leid um einen Angehörigen und große Sorgen um die Zukunft der Familien.

Der März brachte ungewöhnlich schönes, trockenes und warmes Wetter, sodass die Feldarbeit frühzeitig begonnen werden konnte. Die Äcker wurden für die Sommerfrucht vorbereitet und angesät, Kartoffeln hinter dem Pflug in die Furche gelegt, beim nächsten Umlauf des Pfluges mit Erde bedeckt und die sich gut entwickelnde Winterfrucht ein erstes Mal gegen Unkraut gehackt. Auch für Isingen eher Ungewöhnliches baute man an: Entsprechend den zwingenden Vorgaben des Landwirtschaftsamtes mussten bestimmte vorgeschriebene Flächen mit Flachs, Hanf oder Saubohnen, aber auch mit Raps und Mohn bepflanzt werden, um »kriegswirtschaftlich« wichtige Güter in ausreichendem Maße zu erzeugen.

Die Kriegsfront rückte näher, die deutsche Luftwaffe hatte die Lufthoheit verloren. Feindliche Tiefflieger griffen daher immer häufiger auf den Feldern arbeitende Personen oder Gespanne, die irgendwo im Freien unterwegs waren, mit Maschinengewehren oder sogar mit Bordkanonen an. Obwohl in Isingen nie etwas passiert war, so war doch die Angst davor groß. Die Felder, auf denen man tagsüber arbeiten wollte, suchte man danach aus, ob in der Nähe stehende Bäume, Hecken oder der angrenzende Wald bei einem eventuellen Angriff Deckung boten. Kinder wurden als »Luftbeobachter« eingesetzt; sie sollten ein sich näherndes Flugzeug sofort melden, damit alle sich schnell in Sicherheit bringen konnten. Zwischen den oft den ganzen Himmel bedeckenden und die Luft mit ihrem satten Brummen erfüllenden feindlichen Bomberverbänden, die man als nicht gefährlich einstufte, kam einem die schweizerische Ju 52 wie aus einer anderen Welt vor. Sie durchquerte auf ihrem täglichen Linienflug von Zürich nach Stuttgart und zurück ruhig und unbehelligt den Isinger Luftraum, deutlich erkennbar, auch vom Boden aus, das große weiße Kreuz auf rotem Grund, das den Flieger als neutral kennzeichnete und vor Angriffen beider Kriegsgegner schützte. Ein Teil der Feldarbeit fand, oft auf Anraten der mitarbeitenden Kriegsgefangenen, die ja als Soldaten entsprechende Erfahrungen gesammelt hatten, in der Morgen- und Abenddämmerung statt, sogar in mondhellen Nächten, zu Zeiten also, wo man vor Tieffliegern sicher sein konnte.

Die Kriegsgefangenen, in Isingen hauptsächlich Franzosen, stellten die wichtigsten Arbeitskräfte dar. In jedem etwas größeren Betrieb arbeitete einer von ihnen mit, auch in kleineren, wenn der Bauer zum Wehrdienst eingezogen war. Die Gefangenen wurden im *Eck-Marte-Haus* in der *Musel*, einer Steigung an der Hauptstraße in der Nähe der Dorflinde, untergebracht und dort die Nacht über eingesperrt und bewacht. Am frühen Morgen mussten sie – gegen Unterschrift – abgeholt und abends wieder zurückgebracht werden, damit sie keine Gelegenheit zur Flucht haben sollten. Das Her- und Hinbegleiten besorgten meist Kinder, die einen Fluchtversuch nie hätten vereiteln können. Aber es wurde auch keiner unternommen. Die Kriegsgefangenen, die harte und für sie oft auch ungewohnte Arbeit zu verrichten hatten, schätzten es sehr, bei »ihren« Bauersleuten gut verpflegt zu werden. Sie aßen vom Frühstück bis zum Abendessen am gemeinsamen Tisch das mit, was auch alle anderen bekamen. Sie genossen es, viel im Freien und nicht eingesperrt zu sein, nicht hungern zu müssen und nicht der ständigen Bombengefahr ausgesetzt in einem Industriebetrieb Kriegsgüter herstellen zu müssen, die unter Umständen dann gegen ihre eigenen Landsleute eingesetzt worden wären. In ihrer freien Zeit, abends und sonntags, schnitzten sie diverses Spielzeug aus Holz, das bei den Kindern sehr begehrt war und den Gefangenen etwas Taschengeld oder ein paar Zigaretten einbrachte.

Ende März/Anfang April rückte die Front immer näher.

Ende März/Anfang April rückte die Front immer näher und Isingen bekam erstmals die Auswirkungen von Kriegshandlungen direkt zu spüren. Das Überfliegen des Ortes durch feindliche Bomberverbände – wie sie im »Luftlagebericht« im Radio genannt wurden – war man inzwischen gewohnt und man äußerte bei ihrem Rückflug sachverständige Vermutungen, ob wohl Friedrichshafen, München oder Ulm ihr Ziel gewesen sei. Aber es war dann doch ein schwerer Schock, als man nach dem verheerenden Bombenangriff auf Pforzheim den Nachthimmel Richtung Nordwesten rot erleuchtet sah und von der Vorstellung, welche Katastrophe für Stadt und Leute sich dort ereignete, nicht mehr loskam.

Inzwischen zogen Häftlingstransporte durch den Ort, Jammergestalten, die sich kaum selbst voranschleppen konnten, aber auch noch Wagen schieben mussten, auf denen ihr Gepäck und zum Teil auch nicht mehr gehfähige Leidensgenossen transportiert wurden. In Isingen war schon immer bekannt gewesen, dass es Konzentrationslager gab, und es wurde in erstaunlicher Offenheit auch darüber gesprochen, was in diesen für Zustände herrschen sollen. Der »Reichsnährstand« (landwirtschaftliche Betriebe) war vor Verhaftung und Abtransport wegen »defaitistischer Äußerungen« oder wegen »Wehrkraftzersetzung« verhältnismäßig sicher. Mein Onkel Jakob in Ostdorf, ein erklärter Nazi-Gegner, hatte sich im Sommer 1944 mit dem Ortsgruppenleiter – vornehm ausgedrückt – verbal angelegt und wurde deswegen in die Kreisleitung der NSDAP nach Balingen abgeführt. Schon am Abend war er wieder auf freiem Fuß, weil er deutlich machen konnte, dass sonst am nächsten Morgen einige Weizenfelder nicht gemäht werden könnten und damit ein wichtiges »Gefecht« in der »Reichsernährungsschlacht« unwiederbringlich verloren ginge. Also: Man wusste Bescheid, aber das ungeheure Elend mit eigenen Augen gesehen hatte man bis dahin noch nicht. Empört war man darüber, dass es die Wachsoldaten nicht duldeten, dass den Häftlingen auch nur Wasser zum Trinken gereicht wurde, froh darüber, dass einzelne es wenigstens gestatteten, dass Wasser in Eimern an den Straßenrand gestellt wurde, aus dem sich die Elendsgestalten mit einem Becher selbst bedienen konnten.

Vor dem Haus meines Onkels Martin brach einer der im Transport mitgeführten Wagen zusammen. Von der Begleitmannschaft wurde kurzerhand ein Leiterwagen meines Onkels, den er für seine Landwirtschaft aber dringend brauchte, beschlagnahmt. Nach einigen Tagen wurde ihm zugetragen, dass ein Wagen mit seinem Namensschild an der Deichselgabel in Bitz herrenlos herumstehe. Die Post funktionierte zu dieser Zeit kaum mehr; die Kommunikationswege waren verschlungen, führten von Bekannten über Unbekannte zu dubiosen Vermittlern; Nachrichten gingen von Mund zu Mund, waren oft verstümmelt und mussten interpretiert werden, und doch war man geneigt, ihnen zu glauben. Und so machte sich mein Onkel mit seinem Pferd, einem Fuchs, gegen den ausdrücklichen Wunsch seiner Frau, die ihn in diesen unübersichtlichen Zeiten gerne zu Hause gehabt hätte, auf den Weg nach Bitz. Tatsächlich kam er, nach manchem Abenteuer, gesund und wohlbehalten mit Pferd und Wagen wieder nach Isingen zurück.

Mein Onkel Jakob wurde in die Kreisleitung der NSDAP nach Balingen abgeführt.

In den letzten Tagen vor dem Einmarsch der Franzosen kamen deutsche Truppen durchs Dorf, die sich »planmäßig« vom Feind abgesetzt hatten. Sie baten um Nahrungsmittel und bekamen sie auch, weil ihr Verpflegungsnachschub nicht mehr klappte. Auch Treibstoff für die Fahrzeuge war nicht verfügbar. Deshalb requirierte ein Offizier die Pferde meines Onkels Reinhard, um sie vor sein Auto zu spannen und damit weiterzuziehen. In mühsamen und schwierigen Verhandlungen, bei denen Most und Schnaps in Mengen flossen und die Pferde zu wahren Ungetümen heranwuchsen, mit denen nur er allein fertig wurde, gelang es meinem Onkel, die Beschlagnahmung in einen Spanndienst umzuwandeln. Er zog also mit dieser Militäreinheit als Fuhrmann mit und kam nach zwei Tagen mit seinen Pferden wieder zurück; ob er in Ehren entlassen worden war oder ob er sich heimlich abgesetzt hatte, das hat er nie so richtig verraten.

Der Tag X

Der *Phillipen-Jakob* hisste auf dem Kirchturm die weiße Flagge.

Am 20. April, »Führers« letztem Geburtstag, zwischen vier und fünf Uhr nachmittags, sah und vor allem hörte man feindliche Panzer von Rosenfeld her über die Landstraße auf den Ort zu rasseln. Sie gaben bei der Einfahrt in das Dorf einige Warnschüsse ab. Ehemalige französische Gefangene gingen ihnen entgegen und garantierten offenbar glaubhaft die Ungefährlichkeit des Ortes. Gleichzeitig hisste der *Phillipen-Jakob* (Jakob Spiegel), wahrscheinlich in Absprache mit Pfarrer Dr. Scheuermann, auf dem Kirchturm die weiße Flagge, ein eilig herbeigeholtes Leintuch. So fuhren die Panzer, ein französisch-marokkanischer Truppenverband auf, ohne dass sich irgendein Widerstand geregt hätte. Während dieses Einmarsches saßen die Isinger, hauptsächlich alte Leute, Frauen und Kinder, verängstigt in den ausgewiesenen Schutzräumen, meist gewölbte Keller in besonders massiv gebauten Bauernhäusern. Nach und nach traute man sich, nachdem keine Schüsse mehr gefallen waren, wieder heraus und kehrte in die eigenen Häuser zurück. Die bislang gefangenen Franzosen begrüßten freudig ihre Befreier und halfen, erste Kontakte zwischen der Bevölkerung und den Besatzern zu knüpfen und Sprachbarrieren zu überwinden. Jetzt zahlte sich das gute Verhältnis, das die ganze Zeit über zwischen den Gefangenen und »ihren« Familien geherrscht hatte, in ganz unerwarteter, günstiger Weise aus.

Mein Onkel Martin war, zusammen mit zwei anderen Bauern aus dem Ort, als Volkssturmmann an die Straße von Rosenfeld nach Geislingen abkommandiert worden, um dort den Vormarsch der Feinde aufzuhalten. Mit Essen mussten die drei von zu Hause aus versorgt werden; ältere Kinder machten sich auf den langen und nicht ungefährlichen Weg zu ihrem Quartier in der Binsdorfer Schule. Die eigentliche Stellung war ein so genanntes Schützenloch hinter einer Biegung der Straße. Als die Volkssturmmänner beobachteten, wie in das gegenüberliegende Binsdorf hineingeschossen wurde und wie im Dorf ein Brand ausbrach, kamen sie zu der Ansicht, dass die Front wohl, ohne dass sie eine Feindberührung gehabt hätten, über sie hinweggerollt sei. Also machten sie sich, natürlich ohne ihre Panzerfäuste, fernab der Straßen auf den Heimweg und erreichten tatsächlich, zur Erleichterung und Freude ihrer Familien, Isingen, gerade als es von den Franzosen besetzt wurde.

Die Panzer verteilten sich über den ganzen Ort. Sie nahmen zunächst Aufstellung vor bestimmten Bauernhäusern, vor allem dort, wo die Straßen platzartig verbreitert waren oder größere Vorhöfe zum Anhalten einluden. Dieser erste französisch-marokkanische Truppenverband verhielt sich insgesamt sehr diszipliniert, und es kam zu keinerlei Übergriffen gegenüber Frauen und Mädchen. Zwei meiner Basen, damals 18 und 25 Jahre alt, erzählen noch heute, wie die fremden Soldaten vor ihren Häusern aus den Panzern stiegen und sich am Esstisch in der Stube breit machten. Gestikulierend, auf Gegenstände zeigend, redend mit Händen und Füßen, wurde die eine aufgefordert, Eier in die Pfanne zu schlagen und diese mit Brot zu servieren. Im anderen Haus hatten die Marokkaner Rehfleisch mitgebracht, das für sie gebraten und mit Kartoffeln und Gemüse zu einer vollständigen Mahlzeit ergänzt werden musste. Meine Base machte sich voller Zweifel an die Arbeit: Sie hatte bis dahin noch nie einen Rehbraten gemacht! Zum Erstaunen aller Deutschen – man kannte ja bis dahin keine Muslime – tranken die Marokkaner zum Essen keinen Most! Der vor dem Haus meines Onkels Martin stationierte Panzer drückte beim Wegfahren, als er unvorsichtig drehte, die Sandsteineinfassung zwischen Haus- und oberer Stalltüre ein. Dies war wohl der einzige kriegsbedingte Schaden in Isingen! Er hatte zur Folge, dass weder die eine noch die andere Tür mehr abgeschlossen werden konnte, was in diesen unruhigen Zeiten keineswegs angenehm war. Und es dauerte recht lange, bis die notdürftige hölzerne Stützkonstruktion in einer sach- und fachgerechten Reparaturmaßnahme ersetzt werden konnte.

Ein schon eher dramatischer Zwischenfall ergab sich, als ein Isinger, der als überzeugter Nationalsozialist galt, verhaftet werden sollte, aber nicht aufzufinden war. Der Ortskommandeur der Besatzer drohte an, dass dessen Haus samt Frau und Kindern in die Luft gesprengt würde, wenn er sich nicht binnen kurzer Frist freiwillig stelle. Aber niemand wusste, wo er sich versteckt hatte, auch seine Familie nicht. Die Sprengladungen wurden angebracht und die Nachbarhäuser – die, weil zusammengebaut, bei einer Sprengung mindestens in Mitleidenschaft gezogen, vielleicht sogar auch zerstört worden wären – waren bereits geräumt und ihre Bewohner auf andere Häuser verteilt worden. Da gelang es dem Pfarrer nach langwierigen, zähen Verhandlungen (er war übrigens der Einzige im Ort, der einigermaßen französisch sprechen konnte!), das drohende Unheil doch noch abzuwenden. Hintergrund des ganzen Dramas war wohl der persönliche Racheakt eines französischen Kriegsgefangenen. Er hatte seinerzeit beim Beobachten der Brandkatastrophe von Pforzheim ganz unverhohlen seiner Freude darüber Ausdruck gegeben, dass es den Deutschen jetzt so richtig gezeigt werde, und war daraufhin von besagtem, zufällig neben ihm stehenden Mitbürger ehrverletzend und unzulässig grob zur Rede gestellt worden.

Am 20. April nahmen die Besatzer regulär Quartier in der Schule.

Noch am 20. April nahmen die Besatzer regulär Quartier in der Schule und postierten einen Teil ihrer Panzer vor dem Rathaus. In einer ersten Anordnung des Ortskommandanten – vom *Schütz* wie üblich *ausgeschellt* – wurde eine nächtliche Ausgangssperre verhängt. Außerdem mussten Waffen, Radios und aus jedem Haus ein Herrenanzug unverzüglich im Rathaus abgeliefert werden. Schließlich wurde befohlen, wie überall nach dem Einmarsch der Franzosen, die Straßen zu fegen – was in Isingen einem Hohn gleichkam, denn ich glaube, es gab keinen anderen Ort, in dem man der Pflicht zur Reinigung der Straßen auch während des Krieges so sorgfältig nachgekommen war wie in Isingen. Jakob Spiegel, der während der Weimarer Republik Schultes gewesen war, wurde kommissarisch als Bürgermeister eingesetzt. Die Ablösung der wenigen aktiven Nationalsozialisten in den folgenden Tagen und Wochen verlief unspektakulär. Man war, genau wie vor dem Umsturz, von beiden Seiten, trotz oft deutlicher Gegensätze in politischen Ansichten, an einem friedlichen und gut nachbarschaftlichen Auskommen miteinander interessiert. Lediglich der oben genannte Mitbürger verbrachte, nachdem er sich gestellt hatte, einige Zeit im bekannten Internierungslager für ehemalige »Nazis« in Balingen; für alle anderen, die einfache Parteimitglieder gewesen waren, ergaben sich keinerlei Sanktionen, außer dass diejenigen, die bisher offizielle Ämter in der Gemeinde bekleidet hatten, diese verloren.

Sommer und Herbst

Nach und nach normalisierte sich in den Monaten Mai und Juni das Leben im Dorf wieder. Aber das Leben war aufwändiger und schwieriger geworden; die mitarbeitenden Kriegsgefangenen gab es nicht mehr, und nur ganz vereinzelt waren ehemalige Wehrmachtsangehörige schon nach Hause zurückgekehrt. Dazu kam, dass die Ablieferungspflicht von der Militärregierung offiziell erhöht und eine Nichtbeachtung unter strenge Strafe gestellt worden war. Auch zogen DPs (Displaced Persons) – während des Krieges als so genannte Fremdarbeiter nach Deutschland geholte oder verschleppte Menschen vor allem aus Russland, Polen, der Ukraine und den Balkanländern – und ehemalige Kriegsgefangene, die (noch) nicht nach zu Hause zurück konnten oder wollten, meist in kleinen Gruppen marodierend durchs Land. Sie tauchten plötzlich auf, forderten Essen und Trinken, dazu auch noch eine Wegzehrung, vergriffen sich oft am Eigentum der Bauern (an Lebensmitteln, Hühnern, Wertgegenständen, Kleidern), bedrohten die Bewohner mit ihren Waffen und verschwanden wieder, bevor – eher die Ausnahme – die zu Hilfe gerufene Militärpolizei eintraf.

Im Juni fand wie üblich die Heuernte statt. Der ungewöhnlich trockene Sommer führte dazu, dass das Getreide schon im Juli in einer Art Noternte geschnitten, zu Garben gebunden und in die Scheuern eingefahren wurde. Nicht erst beim Dreschen zeigte sich, dass die Körner wegen der Trockenheit klein geblieben waren und der Hektarertrag des Getreides weit unter dem Durchschnitt lag, und dies in einer Situation, in der die Besatzungstruppen zusätzlich und vorrangig mit Grundnahrungsmitteln versorgt werden mussten. Öhmd gab es in diesem Jahr überhaupt keines, und Grünfutter nur so wenig, dass bereits im September Heu und Stroh an das Vieh verfüttert wurde. Ein bisschen Entspannung brachte das *Schabgras* als dritter Schnitt der Wiesen (der eigentlich ja erst der zweite war!), da das Gras ab Mitte September bei einsetzendem Regen doch noch nachgewachsen war. Ein kleiner Teil konnte sogar noch getrocknet und als *Haberöhmd* eingefahren werden. Trotzdem stellte man sich auf extreme Engpässe beim Viehfutter während des Winters ein. Es war klar, dass alles Stroh verfüttert werden müsste. Für das Einstreuen im Stall würde keines mehr übrig bleiben. Also suchte man nach Ersatz: Es wurden *Stupfeln* (die auf den Getreideäckern stehen gebliebenen Stoppeln) herausgehackt und sogar im Wald Moospolster abgetragen, es wurde Laub zusammengerecht und getrocknet; alles wurde nach Hause gefahren und alsbald als Streu verwendet. Die Kartoffelernte war Schwerarbeit, weil der Boden sehr hart war, und sie gab nicht aus. Wegen der Trockenheit den ganzen Sommer über waren die *Kartoffelstöcke* früh abgestorben und die Kartoffeln klein geblieben. Auch das Obst reichte kaum zum Mosten; so war man froh über die zahlreichen vollen Fässer, die vom Jahr zuvor noch in den Kellern lagerten.

Besonders zu schaffen machte den Isingern die Wassernot, die den ganzen Sommer über herrschte, vielleicht eher eine Folge der Stromabschaltungen, die ein Hochpumpen des Wassers auf den Schömberg nicht zuließen, denn tatsächlicher Wassermangel. Da gab es manchmal nicht einmal genug Wasser, um das Vieh morgens und abends zu tränken. Dann trieb man es durch die Dorfstraßen zum nächstgelegenen Brunnen, dem Dorfbrunnen unterhalb der Kirche, dem Röhrenbrunnen bei der »Traube« und dem *Muselbrunnen* bei der Dorflinde. Alle drei waren damals noch intakt und lieferten zuverlässig gutes Wasser. Außerdem aktivierte man unter großen Mühen viele der kleineren Brunnen, die vor dem Bau der Wasserleitung die Versorgung in Isingen gesichert hatten. So wurde auch im Haus meines Onkels die alte Brunnenstube vom Keller aus wieder zugänglich gemacht, und man konnte aus ihr, sowohl von dort aus als auch von oben her (direkt neben dem Brunnentrog) Wasser schöpfen. Ein anderes Hindernis, das die Arbeit sehr beeinträchtigte, waren die schon genannten Stromabschaltungen. Damals stand jedem Hof nur ein bestimmtes Kontingent an elektrischem Strom zur Verfügung, und das nur für bestimmte Stunden. So erfolgte das Futterschneiden oft zu recht ungewöhnlichen Zeiten, und das Dreschen, das nach der frühen Ernte und wegen des großen Bedarfs ungewöhnlich rasch in Angriff genommen wurde, musste wegen Stromsperren öfters unterbrochen werden. Im Haushalt nahm man sogar das alte Kohlebügeleisen wieder in Betrieb, und manch eine Maschine, so die *Rüben-* oder die *Putzmühle* (sie trennte beim Getreide das Korn von der Spreu), wurde von Hand gedreht.

Die Wassernot machte den Isingern besonders zu schaffen.

Bedrückend war auch, dass man nie sicher sein konnte, welche besonderen Reparationen auf Anordnung der Militärregierung zu leisten waren. So musste beispielsweise einer meiner Onkel noch während der Erntezeit eines seiner beiden Zug- und Zuchtpferde, eine junge, prächtige Rotschimmelstute, abgeben. Notdürftig wurde der Zug durch ein anderthalbjähriges Fohlen ergänzt, das zwar besonders kräftig gewachsen war, aber eigentlich noch ein Jahr Schonzeit gebraucht hätte, um sich ungestört zu einem ausgewachsenen Pferd entwickeln zu können. Die Verantwortung dafür, dass die Reparationen auch tatsächlich erfüllt wurden, lag bei der provisorischen Ortsverwaltung. So hatte der Bürgermeister dafür Sorge zu tragen, dass die Bauern der je nach Betriebsgröße gestaffelten Ablieferungspflicht an landwirtschaftlichen Erzeugnissen, an Großvieh, Schweinen und Geflügel pünktlich nachkamen. Manche Landwirte lasteten es dem Bürgermeister persönlich an, dass er als Erfüllungsgehilfe der »Feinde« tätig wurde, dass er sie ermahnte oder gar mit Strafe drohte. So gab es nicht selten ernsthaften Streit und tiefe Verletzungen, die nur langsam verheilten und für längere Zeit den inneren Frieden der Dorfgemeinschaft bedrohten. Dem im Mai von den Besatzungstruppen eingesetzten Bürgermeister wird es deshalb so unrecht nicht gewesen sein, als Anfang Dezember auf Anordnung der Militärregierung ein Gemeinderatskommitee mit einem neuen kommissarischen Bürgermeister (Ernst Höhn) eingesetzt wurde, das von da an bis zu den im September 1946 durchgeführten ersten demokratischen Gemeindewahlen die Verantwortung für die Ortsverwaltung übernahm.

Arbeiten, die man lange nicht mehr ausgeführt hatte, waren plötzlich wieder gefragt.

Reparaturen an Maschinen, Geräten, Wagen oder Werkzeugen, aber auch an Gebäuden, erledigte, so gut es eben ging, der Bauer selbst oder ein in diesen Dingen geschickterer Nachbar. Möglichst alles wurde wieder verwendet; man würde heute von einem 100-prozentigen »Recyceln« sprechen. Selbst rostige, krumme Nägel klopfte man gerade und bewahrte sie auf. Ersatzteile waren, wenn überhaupt, in der Regel nur im Tauschhandel zu bekommen. Man benötigte viel Zeit, Geschick und Beziehungen, um ausfindig zu machen, wo man sie herbekommen könnte, und wenn man endlich so weit war, musste erst noch das geforderte Tauschobjekt, manchmal sogar über einen Ringtausch, aufgetrieben werden. Da konnte ein Stück Speck wahre Wunder bewirken! So blieb den Bauern gar nichts anderes übrig, als sich illegal die Dinge zu beschaffen, die sie für solche Zwecke benötigten. Es war gang und gäbe, zusammen mit der Sau, für die man eine Schlachtgenehmigung hatte, eine »schwarze« mit zu schlachten, die offiziell gar nicht existierte. Augenzwinkernd nahmen Hausmetzger, Fleischbeschauer, Tierarzt und Nachbarn eine *Metzelsuppe,* ein paar Würste oder ein Stück Fleisch entgegen; sie hatten natürlich »keine Ahnung«, dass diese Gaben aus einer Schwarzschlachtung stammen könnten.

Arbeiten, die man über Jahrzehnte nicht mehr ausgeführt hatte, waren plötzlich wieder gefragt. Und dank der Alten, die sie in ihrer Jugend noch selbst angewandt hatten, erlernte man die notwendigen Techniken neu und nutzte die dafür erforderlichen Geräte, die verstaubt irgendwo noch im *Schopf,* im *Werkstättle* oder auf der *Bühne* herumstanden. Da wurde Milch mit der Zentrifuge abgesahnt, der Rahm gesammelt und schließlich im Butterfass der eigene *Anken* hergestellt. Da trocknete man die Mohnkapseln, brach sie auf und schüttelte den Mohn heraus, der dann in der Ölmühle im Rosenfelder Tal gegen Öl eingetauscht werden konnte. Da wurde der Flachs am Zaun in der Sonne zum Trocknen aufgestellt und in der Scheuer durch die *Raffel gehechelt,* bevor er in der Leinenweberei zu Stoff verarbeitet werden konnte. Da brach man den getrockneten Hanf auf der *Brechbank* und tauschte ihn gegen Stricke, *Spann-* und *Garbenseile* ein. Schafe wurden selbst geschoren, die Wolle gewaschen und von den Frauen am Spinnrad versponnen und später zu Strümpfen, Westen oder Pullovern verstrickt. Schauder durchziehen mich noch heute, wenn ich an die langen, aus selbst gesponnener Wolle gestrickten Strümpfe denke, die unendlich haltbar waren und auch nach häufigem Waschen so entsetzlich *bissen* (juckten), dass ich viel lieber gefroren hätte als sie anzuziehen.

Die Frauen spannen und strickten nicht nur, sie flickten auch eifrig und immer und immer wieder, setzten *Plätz* (Flicken) auf *Plätz,* obwohl manchmal vom ursprünglichen Kleidungsstück kaum mehr etwas vorhanden war. Neues entstand aus Altem, aus zwei Hemden wurde eines, aus einer Uniform ein ziviler Anzug, aus einem zu kurzen Kinderkleid durch Ansetzen ein längeres. Und man färbte unentwegt um; der beißende Geruch, wenn die Farbbrühe auf dem Herd kochte, durchzog das ganze Haus. Schwarz brauchte man für die Trauerkleidung, die nach der Ortssitte ein absolutes Muss war und deshalb noch häufig gebraucht wurde, weil erst nach und nach die offiziellen Nachrichten vom Tod derer ankamen, die in den letzten Kriegswochen gefallen waren. Braune Uniformen insbesondere, aber auch feldgraue, wurden umgefärbt, damit man ihre Herkunft nicht von Weitem erkennen konnte. Wolle färbte man ein, um nicht nur aus Naturwolle Gestricktes tragen zu müssen. Die Frauen schneiderten sich dirndlähnliche Kleider aus *Bettziechen,* den blau oder rot karierten Bettbezügen, die sie in den Aussteuertruhen – meist noch völlig neu – auffanden.

Man versuchte in dieser schwierigen Zeit, wo immer es ging, sich selber zu helfen – koste es so viel Zeit und Mühe, wie es wolle –, aber man wusste auch, dass man in vielen Dingen auf die Hilfe anderer angewiesen war. Deshalb war man stets bereit, anderen zur Seite zu stehen. Solidarität scheint auf dem damals sehr niedrigen Niveau des Lebensstandards ungleich leichter machbar gewesen zu sein als heute auf einem ungleich höheren.

Zur Abrundung des Bildes der ersten Nachkriegszeit in Isingen möchte ich noch ein paar persönliche Erlebnisse und typische Ereignisse berichten, die mich damals tief beeindruckt haben und bis heute zu meinen lebhaftesten und immer wiederkehrenden Erinnerungen zählen. Mein Bruder Heiner und ich (er Jahrgang 1934, ich 1932) waren ab Ende Juni bis zum Spätherbst in Isingen beziehungsweise Ostdorf und erlebten alles, was damals dort geschah, hautnah mit. Zunächst: Wie kam man aus Saulgau, wo unsere Familie lebte, im Juni 1945 überhaupt nach Isingen? Eines schönen Tages tauchte bei uns ein Mann auf, der sich als ein Herr Sülzle aus Rosenfeld vorstellte und Grüße (und wohl auch einige Lebensmittel) aus Isingen überbrachte. Dies war die erste Nachricht, dass alle Verwandten dort das Kriegsende heil überstanden hatten und dass es ihnen, den Zeitläuften entsprechend, gut ging. Der Mann war mit seinem Holzvergaser-Lastwagen mit einer Ausnahmegenehmigung der Militärregierung unterwegs, um für seine Firma Ersatzteile bei der Landmaschinenfabrik Bautz in Saulgau abzuholen. Er bot meiner Mutter (unser Vater war noch in Kriegsgefangenschaft) im Auftrag unserer Verwandten in Isingen an, uns dorthin mitzunehmen; wir müssten aber innerhalb einer Stunde parat stehen. Direkt vom Spielen weggeholt starteten also wir zwei mit ganz kleinem Gepäck in ein großes Abenteuer, so jedenfalls empfanden wir es. Jeweils vor einer Kreisgrenze, die nach einer Anordnung der Militärregierung nur mit

Man wusste, dass man in vielen Dingen auf die Hilfe anderer angewiesen war.

Wie groß die Not geworden war, zeigte uns das Heer der Hamsterer.

Passierschein übertreten werden durfte, stiegen wir aus dem Führerhaus auf die Lastwagenpritsche um und versteckten uns unter der Plane, mit der die Holzschnitzel zum Nachheizen des Vergasers abgedeckt waren. Während der Kontrolle durch die Militärpolizei hielten wir den Atem an, und es ging jedes Mal gut. Wir wurden nicht entdeckt, wobei ich bis heute nicht weiß, ob und welche Tricks Herr Sülzle anwandte, um zu verhindern, dass auch unter der übrigens eklig nach Rauch und Teer stinkenden Plane nachgeschaut wurde. Die ganze Aktion erwies sich im Nachhinein als eine für alle Beteiligten sehr nützliche Maßnahme. Meine Mutter, die noch unsere drei jüngeren Brüder zu versorgen hatte, bekam Lebensmittelmarken für uns alle fünf und konnte damit die größte Not lindern, und zwei meiner Onkel hatten bei dem großen Mangel an Arbeitskräften mit uns eine spürbare Hilfe. Wir beide waren sehr zufrieden, bezogen auf das Essen sozusagen im Schlaraffenland gelandet zu sein, und gaben, als landwirtschaftliche Hilfskräfte für voll genommen, unser Bestes. So war ich unendlich stolz darauf, im Herbst allein, genau wie mein Onkel, hinter dem Pflug gehen zu dürfen, obwohl es für mich sehr anstrengend war und meine ganze Kraft erforderte, sodass ich abends wie tot ins Bett sank. Als wir dann Anfang November, eher ungern, zum Neuanfang der Schule nach Saulgau zurück mussten, gab es gerade wieder eine erste Bahnverbindung: Der Zug fuhr von Villingen kommend über Rottweil und Balingen, wo wir zustiegen. Weiter ging es über Ebingen, Sigmaringen, und – weil die Donaubrücke bei Scheer gesprengt war – Krauchenwies und Mengen zurück auf die eigentliche Strecke nach Herbertingen und Saulgau. Wir stiegen dort aus; der Zug erreichte über Aulendorf seine Endstation in Kißlegg. Für diese Fahrt brauchte er einen ganzen Tag, von früh morgens bis spät abends, denn die Dampflokomotive war wegen der vielen Waggons überlastet, hatte viele »Langsamfahrstellen« zu überwinden, an denen die Gleise nur notdürftig wieder instand gesetzt worden waren. Zudem musste sie insgesamt vier Mal umgesetzt werden, um immer an der Spitze des Zuges zu sein. Am nächsten Tag fuhr der Zug dann zurück nach Villingen.

Wie groß inzwischen die Not in den Städten geworden war, zeigte uns das Heer der so genannten Hamsterer, das täglich durch das Dorf zog und alle nur denkbaren Gegenstände im Tausch gegen Lebensmittel anbot. Manche Leute bettelten auch einfach. Meine *Ahne,* die aus christlicher Überzeugung heraus der Ansicht war, dass man mit einem Menschen teilen müsse, der um Brot bettelt, solange man selbst noch welches habe, brachte damit meinen Onkel, in dessen Haushalt sie als Altbäuerin lebte, mehr als einmal zur Verzweiflung. Zumal es sich wohl auch herumsprach, dass man in diesem Haus große Chancen hatte, etwas abzubekommen. Viele Städter betätigten sich während der Ernte als Ährenleser. Die damals übliche Form der Getreideernte – mähen, in *Heckle* auslegen, diese antragen und zu Garben binden – führte dazu, dass, je *röscher* das Getreide war, umso mehr, die eine oder andere Ähre abbrach und zwischen den Stoppeln verschwand. Sobald die Ährenleser sahen, dass irgendwo damit begonnen wurde, einen Erntewagen zu beladen, strömten sie von allen Seiten herbei, um *nachzuähren*. Oft konnte sich derjenige, der das übliche Nachrechen besorgte, um die Getreidehalme noch einzusammeln, die nicht in die Garben eingebunden worden waren, der *Nachährer* kaum erwehren, was dann manchmal zu unangenehmen Auseinandersetzungen führte.

Irgendwann im Juli erreichte meine *Ahne* die Nachricht, dass im Internierungslager in Dautmergen ein Kollege meines Vaters einsitzt und hungert. Er hatte sich daran erinnert, dass mein Vater aus Isingen, ganz in der Nähe von Dautmergen, stammt und dort eine große bäuerliche Verwandtschaft hat. Umgekehrt war in Isingen bekannt, dass Lebensmittel, die man dort für Internierte abgab, tatsächlich auch an diese weitergegeben wurden. Am nächsten Sonntag machten sich mein Onkel, mein Bruder und ich zu Fuß auf den Weg nach Dautmergen, riefen am Lagerzaun nach dem Kollegen und erfuhren von ihm, dass es stimme, dass alle Lebensmittel von der Lagerleitung korrekt an die Insassen weitergegeben würden. Wir lieferten also einen Laib Brot, ein Stück Speck und ein paar gekochte Eier am Eingang ab und machten uns auf den Heimweg, nicht ohne noch zum Vesper bei einer Bekannten meines Onkels in Täbingen einzukehren. Letztlich kamen wir dadurch so spät nach Hause, dass meine Tante uns ernsthafte Vorwürfe machte, weil wir sie so sehr in Sorge gebracht hatten; schließlich waren es immer noch recht unsichere Zeiten.

Den ganzen Sommer über, auch noch im Frühherbst, waren Männer zu Fuß unterwegs, die sich nicht in die Dörfer trauten und Straßen, so gut es ging, mieden. Es waren ehemalige Angehörige der Wehrmacht oder des Volkssturms, die sich selbst entlassen hatten, oder solche, die zwar über ordnungsgemäße Entlassungspapiere der Amerikaner verfügten, aber befürchten mussten, in der französischen Zone erneut gefangen genommen zu werden. Sie alle waren unterwegs zu einem oft ungewissen Zuhause, wussten nicht, ob sie ihre Angehörigen noch antreffen würden, ob diese noch lebten, ob ihre Häuser und Wohnungen noch standen, ob sich ein Arbeitsplatz für sie finden ließe, mit dem sie ihre Familie ernähren konnten. Sie trugen meist abenteuerliche Kleidung, zum Teil nur leicht veränderte Uniformteile, zum Teil alte und nicht passende Jacken oder verdreckte Arbeitsanzüge, die ihnen irgendjemand geschenkt hatte – und immer ein landwirtschaftliches Arbeitsgerät, eine Hacke, eine Sense, einen Rechen oder eine Gabel auf der Schulter, um wenigstens auf den ersten Blick als in der Landwirtschaft Tätige durchzugehen. Häufig, wenn wir am Acker- oder Wiesenrand zum Vespern saßen, kam der eine oder andere »Wanderer« dazu, erzählte, wo er herkam und wo er hin wollte, und wir teilten redlich mit ihm, was wir zu Essen und zu Trinken dabeihatten. Es waren für uns im Übrigen auch Boten, die uns mit Nachrichten aus der näheren und weiteren Umgebung versorgten. Für uns waren solche Nachrichten wichtig, gab es doch keine Zeitungen, hatten wir doch die Radios abgeben müssen und funktionierte doch noch keine Post. Wir zeigten den Männern, in welcher Richtung und auf welchen Schleichwegen sie weitergehen sollten und wo sie eventuell die Chance hätten, einmal über Nacht zu bleiben oder ein für sie ungefährliches Transportmittel, wie das Milchauto, zu benutzen.

Den ganzen Sommer über waren Männer unterwegs, die sich nicht in die Dörfer trauten.

Ende August brannte der zur Hälfte auf Isinger, zur Hälfte auf Binsdorfer Gemarkung stehende *Steinefurthof* nieder. Der Bauer war nachts aufgewacht und hatte gehört, dass sich jemand am Haus zu schaffen machte. Als er aus dem Fenster rief, was da los sei, sah er Leuchtspurgeschosse, die die bis unter den First mit Getreide und Heu gefüllte Scheuer in Brand setzten. Der Familie Hölle gelang es gerade noch, sich selbst und das Vieh zu retten; gegen das Feuer hatte sie keine Chance, und der Hof brannte bis auf die Grundmauern nieder; von den Tätern fehlte jede Spur. Die obdachlos Gewordenen kamen bei Verwandten in Isingen unter, das Vieh wurde dort auf verschiedene Ställe, in denen noch Platz war, verteilt. Solidarität und Hilfsbereitschaft zeigten sich auch beim Wiederaufbau des Hofes, was in der damaligen Zeit ein beinahe unmögliches Unterfangen war. Wer konnte und Zeit hatte, half beim Aufräumen, klopfte Steine oder leistete Fuhrdienste. Die Gemeinde stellte das Bauholz zur Verfügung, die zuständigen Behörden gaben Bezugsscheine aus, mit denen offiziell ein Teil des Baumaterials eingekauft werden konnte, der Rest musste auf dem Schwarzmarkt – meist gegen Lebensmittel, die größtenteils auch wieder von Isingern beigebracht wurden – eingetauscht werden. Das Dach deckte man mit Ziegeln ein, die man im Dorf zusammensammelte. Dort gab es nämlich in jedem Haus einen größeren oder kleineren Vorrat an Ersatzziegeln, mit denen jeweils vor Wintereinbruch die Dächer geflickt wurden. Beim Einzug in das neu erbaute Gebäude im Spätherbst wurden von den Dorfbewohnern Möbel, Bettzeug, Geschirr, eben alles, was ein Haushalt so braucht, zusammengetragen. Jeder spendete, was er entbehren konnte, und es kam – zusammen mit dem Wenigen, was man auf Bezugschein neu erwerben konnte – ein zwar bunt gewürfelter, aber doch einigermaßen funktionsfähiger Bauernhaushalt zusammen.

Die letzte, mir berichtenswert erscheinende Episode stammt zwar aus Ostdorf; sie hätte sich aber genauso gut in Isingen zugetragen haben können. Irgendwann im Juli drangen vier oder fünf DPs bei einbrechender Dunkelheit in den Hof meines Onkels, mitten im Dorf gelegen, ein und verlangten verschiedene Lebensmittel, unter anderem mehrere Hühner. Dabei fuchtelten sie drohend mit ihren Waffen herum. Meiner Tante gelang es, sie zu überreden, zuerst einmal ordentlich zu vespern, während sie alles vorbereiten würde. Inzwischen setzte ich mich, trotz Sperrstunde, aufs Fahrrad und raste nach Balingen zur so genannten sowjetischen Kommandantur in Bahnhofsnähe. Vor dem Gebäude rief ich laut nach Boris, dem ehemaligen russischen Kriegsgefangenen, der bei meinem Onkel gearbeitet und jetzt irgendeine offiziöse Funktion in der Kommandantur hatte. Tatsächlich wurde er auf mich aufmerksam, fuhr mit seinem Jeep und mir nach Ostdorf zurück, setzte sich zu den DPs an den Tisch und überredete sie, wahrscheinlich auch unter dem Einfluss des inzwischen reichlich geflossenen Mosts, ohne die vorgesehene Beute mit ihm zusammen abzuziehen. Bei weitem nicht jede Begegnung mit der überall im Lande marodierenden Soldateska endete also mit einer solchen Katastrophe wie auf dem *Steinefurthof*, aber das Gefühl des Ausgeliefertseins, der dauernden Bedrohung und Unsicherheit blieb auch noch lange nach Kriegsende ein ständiger Begleiter der Menschen auf dem Lande.

Hauswirtschaft

Die Küche

Im Mittelpunkt der Hauswirtschaft, die ausschließlich von Frauen umgetrieben wurde, stand die Küche. Sie war in den Bauernhäusern neben der Stube zu finden und mit dem einzigen Wasserhahn innerhalb der Wohnung, dem dazugehörigen Ausguss und einem Holz-Kohle-Herd bestückt. In der kalten Jahreszeit heizte der Herd die Küche und stellte mit dem *Schiff* – einem meist rechteckigen Kupferkessel mit etwa fünf Liter Inhalt – eine minimale Versorgung mit warmem Wasser sicher. Dieser gusseiserne Herd hatte vier *Löcher* (Kochstellen), die mit Ringen um einen kleinen Deckel in der Mitte abgedeckt waren, hinter dem *Schiff* eine Abstellfläche zum Warmhalten von Speisen; neben der Feuerstelle mit darunter liegendem Aschekasten lag die Backröhre, alle drei Öffnungen waren durch Türen an der Frontseite zugänglich. Die meisten Töpfe hatten an der Wandung außen einen Wulst, mit dessen Hilfe sie passgenau in das entsprechend weit geöffnete Herdloch eingehängt werden konnten. Sie reichten zu etwa einem Drittel unter die Herdplatte ins Feuer und konnten somit dessen Wärme direkt aufnehmen. Der Abzug der Feuerstelle führte über ein Ofenrohr, das mit einer Klappe zur Steuerung des Luftzugs versehen war, in den Kamin. Unter dem Wasserhahn befand sich ein Terrazzo-Schüttstein mit Ablage, darunter ein Schrank, in dem die Spül- und die Waschschüssel, der Putzeimer, Putzgeräte (Bürsten, Lappen) und Putzmittel aufbewahrt wurden. Zur Ausrüstung der Küche gehörte noch das *Kuchekästle,* in dem die wichtigsten Lebensmittel und ein Teil des täglich benötigten Geschirrs untergebracht waren, und der Küchentisch, an dem ein Teil der Küchenarbeit erledigt wurde, der aber in manchen Bauernhäusern an den Wochentagen auch als Esstisch diente. Hinter dem Tisch, an der Wand, befand sich *der* lehnenlose *Kuchebank,* dazu kamen noch ein oder zwei Stühle und ein Hocker. Auf dem *Geschirrbritt* – einem Wandbrett mit einer Art Reling – wurden die Teller und Tassen aufbewahrt, auf einer ähnlichen Einrichtung vor dem Küchenfenster die Töpfe und das Melkgeschirr, malerisch eingerahmt von einer Art kleinem grünen Gartenzaun. Um 1950 gab es, meist aus Anlass der Gründung eines jungen Hausstandes, erste Bauernküchen, die mit einem Elektro- oder Gasherd (Flaschengas) ausgestattet wurden, was damals von den meisten Isingern als großer Luxus empfunden

In der Küche werden gerade *Knöpfle* durchgedrückt.

wurde. Mindestens morgens, mittags und abends, also drei Mal am Tag, musste im Herd Feuer gemacht werden. Das Anfeuern war jeden Morgen, direkt nach dem Aufstehen, die erste Aufgabe der Hausfrau. Aus der Holzkiste, die neben dem Herd stand und für deren Nachfüllen meist die Kinder verantwortlich waren, entnahm sie *Büschelereis*, ein paar dünne *Spächtele* und zwei oder drei dickere Holzscheite, um das Feuer einzurichten und es mit Hilfe von (Zeitungs-)Papier anzuzünden. Und von jetzt an durfte sie das Nachlegen nicht mehr vergessen, solange sie den Herd zum Kochen benötigte. Längere Zwischenzeiten wurden manchmal durch das Einlegen eines Briketts überbrückt, das man in feuchtes Zeitungspapier einwickelte, damit es die Glut länger hielt.

Kochen

Morgens benutzte man den Herd hauptsächlich, um Wasser warm zu machen, mit dem man sich wusch, die Kleie für das Schweinefutter aufbrühte und den zum Frühstück obligatorischen Milchkaffee zubereitete. Dieser bestand zur einen Hälfte aus *Spitzbohnenkaffee* (Malzkaffee mit Zichorie), zur anderen aus abgekochter Milch. Beides wurde im *Kaffeehafen* (Kanne) gemischt, mit Zucker gesüßt und kam so auf den Tisch. Dazu aß man Weißbrot, das entweder in den Milchkaffee getunkt wurde oder das man mit Butter und/oder *Gsälz* (Marmelade) bestrich.

Zum Mittagessen gab es, abhängig von den Jahreszeiten, recht Verschiedenes, jedoch in der Regel nur einen Gang und außer sonntags und in der Zeit nach dem *Metzgen* kein Fleisch. Das Sonntagsessen bestand aus einem in der Backröhre zubereiteten Braten mit Soße, Kartoffeln (in der Brühe oder als Salat), geschmelzten Nudeln und, wenn möglich, aus etwas grünem Salat (Endivien, Ackersalat oder Kresse), häufig serviert als Kranz auf der Kartoffelsalatschüssel. Für das normale Werktagsessen bildeten Kartoffeln und in nicht ganz so großem Umfang Teigwaren den Grundstock; Fleisch kam nur als Rest des Sonntagsessens auf den Tisch. Meine Tante hat sowohl *Spätzle geschabt* als auch *Knöpfle* durch die Maschine gedrückt. Sie beherrschte die Kunst, dem dafür notwendigen Teig, bestehend aus Mehl, Wasser und einem oder zwei Eiern, die richtige Konsistenz zu geben, je nachdem, ob geschabt oder gedrückt werden sollte. Die *Knöpflemaschine* war auf einem Dreibein montiert, das man über den Topf mit kochendem Salzwasser stellte, und bestand aus einem Druckzylinder mit Lochboden, in den man den Teig einfüllte, und einem Stempel, der durch eine Gewindespindel mit Hilfe einer Kurbel auf den Teig gedrückt wurde. Damit nichts schief ging, waren zum *Knöpflemachen* zwei Personen notwendig: eine, die den Dreifuß mit beiden Händen festhielt, die andere, um die durchaus nicht leichtgängige Kurbel zu drehen, sodass sich schöne, gleichmäßig geformte *Knöpfle* ergaben. Auch eine Nudelmaschine war in der Küche vorhanden. Sie wurde am Küchentisch festgeschraubt und der Nudelteig durchgedreht. Je nach eingesetzter Walze konnten so verschiedene Arten von Nudeln hergestellt werden, die zunächst zum Trocknen auf dem Küchentisch ausgebreitet und später in Salzwasser gekocht wurden. Kartoffeln gab es vor allem als Schalkartoffeln, die schon geschält auf den Tisch kamen, oder als Salzkartoffeln/Kartoffeln in der Brühe. Sowohl übrig gebliebene Teigwaren als auch Kartoffeln wurden häufig am nächsten Tag in der Pfanne gebraten, mit *Grieben* oder *verklepperten* Eiern bereichert und mit Gemüse oder Kraut auf den Mittagstisch gebracht. Das Gemüse stammte aus dem Garten: Spinat, *Gelbe Rüben* (Karotten), Blumen- und Rosenkohl, Erbsen, Bohnen, eventuell Linsen und *Rote Rüben* (Rote Beete); das Kraut vom Krautland: Blau- und Weißkraut, Wirsing. Den ganzen Winter über war Sauerkraut eine der wichtigsten Essensbeilagen. Insbesondere nach dem *Metzgen* wurden Blut- und Leberwurst, aber auch *Füßle, Schäufele* oder grüner Speck in Sauerkraut serviert, später dann geräuchter Speck oder selbstgepökeltes Fleisch. Der Krauttopf blieb den ganzen Winter über auf dem Herd und wurde laufend nachgefüllt; man war der Ansicht, dass das Sauerkraut umso besser schmecke, je öfter es aufgewärmt worden sei. Gemüse, so erinnere ich mich, gab es meist in einer relativ dicken weißen Soße, hergestellt aus in Fett angeschwitztem Mehl und abgelöscht mit der jeweiligen Gemüsebrühe. Auch Pfannkuchen oder Waffeln ergaben zusammen mit Kompott ein vollständiges Mittagessen. Bei besonderen Gelegenheiten, so bei der *Sichelhenke* (Ende der Getreideernte), wurden *Schmalzküchle* im schwimmenden Fett gebacken. Das Kompott entstand aus den jeweils vorhandenen Früchten, also aus Mirabellen, Kirschen, Pflaumen, Birnen oder Äpfeln, im Winter – solange noch Äpfel vorhanden waren – aus *Epfelmus*, später aus gekochten *Hutzeln*, also

Ein *Hafenbritt* vor dem *Kuchefenster*

gedörrten Zwetschgen, Apfel- und Birnenschnitzen. Suppen waren häufig auch Hauptmahlzeit, so vor allem die mit Fleischstückchen (Reste des Sonntagsbratens!) gespickte Nudelsuppe, zu der es Brot, und die gebrannte Grießsuppe, zu der es Schalkartoffeln gab. An besonderen Feiertagen, etwa Konfirmationen, wurde eine Suppe auch zusätzlich zum Hauptgang serviert. Ich erinnere mich vor allem an die *Flädles-*, die Klößchen- und die Eierstichsuppe, die mir besonders gut geschmeckt haben, alle drei mit klarer Brühe.

Ein Leckerbissen war das gefüllte Hähnchen. Aus den Frühjahrsküken hatten sich Junghühner und *Göckele* entwickelt; letztere waren aus der Sicht der »Eiererzeugung« nutzlose Fresser und wurden, sobald sie ein bestimmtes, nach heutigen Maßstäben eher geringes Gewicht erreicht hatten, verkauft oder als Festessen zubereitet, wenn sich ein Gast zu Mittag angesagt hatte. Es gehörte zu den Aufgaben der Bäuerin, das Vieh auf dem Hühnerhof einzufangen, es auf dem Hackklotz mit dem Beil zu köpfen, es auszunehmen, zu rupfen, mit einer Füllung aus Brot, Innereien und Petersilie zu stopfen (damit auch alle am Tisch satt wurden), zuzunähen und schließlich in der eigens dafür vorgesehenen *Kachel* zu braten. Recht angesehen war auch die Hühnersuppe, die es gab, wenn ein altes Huhn geschlachtet werden musste, weil es keine Eier mehr legte. Man briet das Huhn nicht, sondern kochte es aus und bekam eine kräftige Hühnerbrühe, die dann mit Nudeleinlage auf den Tisch kam und in die das trotz langem Kochen zäh gebliebene Hühnerfleisch in kleinen Stückchen hineingeschnitten wurde.

Am Abend musste der Herd noch einmal angeheizt werden, um warmes Wasser für das Schweinefutter, für das Spülen und für das Waschen vor dem Zu-Bett-Gehen zur Verfügung zu haben. Auch gab es zum Nachtessen öfter Schalkartoffeln mit Milch, aufgewärmte Reste des Mittagessens, für die Kinder vielleicht Grießbrei; häufig wurde aber einfach gevespert, also Brot zum Beispiel mit Griebenschmalz oder anderem Aufstrich gegessen, dazu Most getrunken.

Putzen und Aufräumen

In den weitläufigen und von vielen Personen bewohnten Bauernhäusern war man ewig am Putzen. Das hing einerseits mit der damals üblichen, aus heutiger Sicht recht unpraktischen Ausstattung des Wohnteils zusammen, wie zum Beispiel den geölten Tannenböden in der Stube oder den ausgetretenen und damit unebenen Sandsteinplatten in der *Hausöhre* (Hausgang), andererseits mit dem regen »Publikumsverkehr« zwischen Stall, Scheuer, Hof und Küche. Obwohl man sehr auf eine sorgfältige Reinigung oder auf einen Wechsel (vor allem bei Kindern) des Schuhwerks achtete, war es unvermeidlich, Schmutz in den Wohnteil des Hauses hineinzutragen. Auch muss man sich in diesem Zusammenhang daran erinnern, dass es in Isingen 1950 noch keine geteerten, sondern nur wassergebundene und damit stark schmutzende Straßendecken gab. Vor den Hauseingängen waren in der Regel ein paar Quadratmeter des Hofes grob gepflastert, und neben der Haustüre gab es einen Schuhabstreifer und einen Besen, um die Schuhe zu reinigen. Obwohl diese Möglichkeiten eifrig genutzt wurden, blieb genügend Schmutz, der in den Wohnteil hineingetragen wurde. Jeden Tag musste deshalb die Wohnung ausgefegt (häufig eine Arbeit für die Kinder) und die Küche nass aufgewischt werden.

Der eigentliche Putztag war der Samstag. Da kehrte man auch die Schlafkammern aus, wusch in allen Wohnräumen, auf der *Laube* und in der *Hausöhre* nass auf und staubte in allen Räumen ab, was wegen der Leisten bei den an den Stubenwänden üblichen Holztäfelungen eine ganze Menge Arbeit war. Man holte mit dem Besen die *Spinnwebsen* von Decken und Wänden und wachste mit farbigem Bodenwachs die Tannenböden, deren rötlicher, gelblicher oder brauner Grundton von Zeit zu Zeit durch das Auftragen einer entsprechenden Beize aufgefrischt werden musste. Mein jüngerer Bruder Hansjörg erzählt noch heute, dass er zusammen mit seinem Bäsle Dorle in der *Zinneküfer*-Hütte – einem Holzschopf – sich eine Spielecke geschaffen und deren Boden gebeizt hatte, weil sie es auch so schön haben wollten, wie in der Stube. Die beiden bekamen hinterher einige Schwie-

Dr Polizei von Binsdorf beim samstäglichen _Hofwischen_

rigkeiten, nicht, weil sie mit der sicher nicht ungefährlichen Beize hantiert hatten, sondern weil sie die »teure« Beize sich unerlaubt beschafft und bei ihrem Spiel verschwendet hatten. Um den Erfolg der Putzaktion wenigstens bis zum Sonntag sicher zu stellen, wurden in der *Hausöhre* und auf der *Laube* Tücher aus Rupfen ausgelegt, auf denen man gehen musste, was manchmal gar nicht so ganz ungefährlich war, weil sich nämlich die Schuhe darin verwickelten.

Mindestens zwei Mal im Jahr, einmal im Frühjahr und einmal im Spätherbst, war Großputz angesagt. Dann wurde ein Raum nach dem anderen gründlich gesäubert. Dazu rückte man die Schränke von den Wänden, räumte sie aus und wusch sie außen und innen feucht ab. Die *Betttrösche* (Bettroste) nahm man aus den Gestellen, klopfte sie mit dem Teppichklopfer aus und bürstete sie mit der Polsterbürste ab. Die weiß gestrichenen und mit einem farbigen Muster gewalzten Wände wurden mit einem Tuch abgerieben, bevor dann der Boden nass aufgewischt und neu gewachst werden musste. Nach dem Dreschen wurden zusätzlich Fensterrahmen und -läden, Haus- und Stalltüren, Scheuern- und Schopftor abgewaschen und eingeölt. Sie sahen anschließend immer wie frisch gestrichen aus. Auch die *Bühnen* und die Scheuer wurden vom Staub befreit. Ich selbst blockte einmal auf Anweisung meiner Tante den gewachsten Gang vor den Fruchtschrannen, doch dies war so wohl nicht allgemein üblich!

Beim Schuhwerk wurde streng unterschieden zwischen Werktags- und Sonntagsschuhen – meist hatten zumindest die Männer und die Kinder sowieso von jeder Sorte nur ein Paar! Die Arbeitsschuhe putzte die Hausfrau – manchmal war auch ein älteres Kind damit beauftragt – einmal in der Woche: Am Samstagabend musste die ganze Batterie Stiefel gewaschen werden. Oft gelang die Säuberung nur durch heftiges Bürsten unter dem laufenden Wasserhahn. Über Nacht konnten die Schuhe dann trocknen, bevor man sie am Sonntagmorgen mit Hilfe eines Lappens mit Schuhfett einrieb, einerseits um das Leder zu schützen, andererseits um die Träger der Schuhe vor nassen Füßen zu bewahren. Die Sonntagsschuhe wurden in der Regel nur trocken gereinigt, mit der farblich passenden Schuhcreme behandelt und so auf Hochglanz poliert, dass man beim Kirchgang stolz darauf sein konnte.

Eine Zeit raubende, täglich wiederkehrende Arbeit war das Bettenmachen. Zunächst wurden die Betten gelüftet, indem die riesigen Federdecken über den Bettfuß gehängt wurden, in den Monaten ohne »r« bei Sonnenschein auch über die Fensterbänke. Dreiteilige Matratzen stellte man im Bett auf; Spreusäcke, damals hauptsächlich noch in Kinderbetten gebräuchlich, schüttelte man auf, um die Kuhle zu beseitigen, die in der Mitte durch den Schläfer während der Nacht entstanden war. Nach einiger Zeit – inzwischen war die Hausfrau in der Küche mit der Vorbereitung des Mittagessens beschäftigt – wurden die Betten wieder gemacht. Dazu tauschte man die Matratzen beim Zurücklegen aus, damit eine gleichmäßige Abnutzung gewährleistet war, spannte sorgfältig das Betttuch darüber, schüttelte Kopfkissen und Federdecken mehrmals heftig durch, um die Federn aufzulockern, bevor man sie auf das Bett zurücklegte und schön glatt strich. Auf das Ehebett kamen zum Schluss noch so genannte Paradekissen, also weitere Kopfkissen, deren Bezug bestickt und/oder mit Hohlsaum versehen war. Sie dienten allein der Ästhetik des Schlafzimmers; am Abend wurden sie vor dem Zu-Bett-Gehen zur Seite gelegt. Dass man der Bettenpflege so viel Aufmerksamkeit widmete, war ortsüblich und entsprang wohl dem Gedanken, dass wer tüchtig arbeiten musste, auch gut geschlafen haben sollte, und dafür sah man eine wesentliche Voraussetzung in einem gut gemachten Bett.

Auch das täglich mindestens drei Mal notwendig werdende Spülen war eine Zeit raubende Angelegenheit. Dem sehr heißen Spülwasser – ich selbst habe immer gestaunt, wie heiß das Wasser war, das die Hausfrauen mit ihren Händen aushielten – wurde kein Spülmittel zugesetzt. Das mag auch der Grund gewesen sein, warum man so heiß gespült hat: nur so ließ sich das dem Geschirr anhaftende Fett tatsächlich lösen. Morgens und abends kam immer zuerst das Melkgeschirr an die Reihe, weil es für die Qualität und die Haltbarkeit der Milch entscheidend war, es möglichst sauber und keimfrei zu halten. Es folgten die Tassen und Teller, die Schüsseln und das Besteck. Weil die Messer nicht rostfrei waren, mussten sie von Zeit zu Zeit mit einem Putzmittel (ATA) gründlich gescheuert werden. Auf die angefeuchtete Klinge wurde das Putzmittel gestreut und mit Hilfe eines Korkens die Klinge auf beiden Seiten blank gerieben. Zum Schluss spülte man die *Kacheln,* die Töpfe und Pfannen, und zwar nur die Teile, die nicht mit dem Herdfeuer in Berührung kamen; der Rest behielt seine mehr oder weniger dicke Rußschicht. Wegen der ungleichmäßigen Erhitzung durch das Herdfeuer, aber auch wegen der rauen Böden und Wandungen, gab es kaum einen Topf, in dem nicht irgendwo irgendwas angebrannt war. Dann musste die Spülbürste – eine kleine Wurzelbürste – den *Spüllumpen* (Spüllappen) ersetzen, und mühsam wurde, oft mit zusätzlicher Hilfe von Scheuerpulver, der Topf schließlich doch noch sauber. Außer den Töpfen wurde alles Geschirr und das Besteck abgetrocknet und aufgeräumt, eine Tätigkeit, die häufig den Kindern zufiel und die diese nicht sonderlich schätzten. Die Töpfe landeten nach dem Spülen umgedreht auf dem *Hafenbritt* vor dem *Kuchefenster.*

Backen

In Isingen wurde um 1950 in allen Haushalten das Brot selbst gebacken; es gab keinen Bäcker im Ort, bei dem man Brot hätte kaufen können. Das Mehl stand aus dem eigenen Getreideanbau zur Verfügung. Meist handelte es sich um Weizen-, seltener um Roggenmehl, das man in der Mühle gegen Getreide eingetauscht hatte. Manchmal bauten Bauern für den Eigenbedarf noch *Korn* (Dinkel) an, aus dessen Mehl sich ein besonders bekömmliches und schmackhaftes Brot herstellen ließ. Einmal pro Woche war Backtag. Das notwendige Mehl wurde am Tag zuvor in zwei großen *Bachschüsseln* (Backschüsseln) aus Weißblech aus den auf der *Bühne* gelagerten Mehlsäcken herunter in die Stube geholt; die eine mit dem stark ausgemahlenen Mehl für das Weißbrot, die andere mit dem weniger ausgemahlenen für

Nach dem Backen: Zufrieden mit dem Ergebnis

das Schwarzbrot. In einer Kuhle im Mehl in der Mitte der *Bachschüssel* wurde dann *angehefelt,* indem man dort etwas Mehl zusammen mit der Hefe anrührte, die Schüsseln mit Tüchern abdeckte und den Hefeansatz über Nacht gehen ließ. Am Backtag selbst rührte man den Teig mit Salz und für Schwarzbrot mit Wasser, für Weißbrot mit Milch an und knetete ihn mit den Händen so lange durch, bis er glatt war und nicht mehr an den Armen, Händen oder an der Schüssel hängen blieb – eine sehr anstrengende und langwierige Angelegenheit! Der Teig wurde wieder in die Backschüssel zurückgelegt, mit einem Tuch zugedeckt und zum Gehen aufgestellt, im Winter in der Nähe des Ofens, um den Vorgang zu beschleunigen. Dann musste der richtige Zeitpunkt für das Backen abgewartet werden, an dem der Teig genügend gegangen war, sodass er ein lockeres Brot versprach.

Das Backen selbst erfolgte auf drei verschiedene Arten: im elektrisch beheizten Backofen in der Waschküche des Bauernhauses oder im gemeindeeigenen *Bachhäusle,* vereinzelt waren auch noch die alten gemauerten Backöfen, die mit Holz beheizt wurden, in Betrieb. Sobald der Brotteig richtig gegangen war, wurde er auf dem Backtisch – einem langen, glatten Brett – von Hand zu Laiben in der gewünschten Größe geformt und diese in den vorgeheizten Ofen eingeschossen. Dasselbe passierte im *Bachhäusle,* wohin zuvor die Bäuerin zum durch Verlosung festgelegten Termin – damit es keinen Streit wegen der mehr oder weniger geschickten Backzeiten gab – mit der abgedeckten *Bachschüssel* auf dem Kopf oder auf dem *Leiterwägele* sich auf den Weg gemacht hatte. In diesem Fall musste das Teigen zeitlich genau auf den Backtermin abgestimmt werden, damit der Brotteig auch nach dem oft länger dauernden Transport noch die richtige Konsistenz hatte. Im Backhaus gab es einen Backmeister – zur damaligen Zeit ein bereits in Rente stehender Onkel von mir –, der dort das Regiment führte und die manchmal hochgehenden Wogen (wegen des Überschreitens der zugeteilten Zeit) glättete und bei technischen Problemen eingriff. Das *Bachhäusle* der Gemeinde war, neben der Milchsammelstelle, eine wichtige Nachrichtenbörse, und manch eine Bäuerin hat dort länger verweilt, als es eigentlich notwendig gewesen wäre, weil gerade besonders interessante Dinge besprochen oder auch beklatscht wurden.

Wurde noch im Holzofen gebacken, so musste dieser rechtzeitig eingerichtet und angeheizt werden. Als Brennmaterial benutzte man die so genannten *Bachbengele,* gut abgelagerte dicke Tannen- und Fichtenäste, die wegen ihres festen Holzes und des hohen Harzanteils eine große Wärmeentwicklung garantierten. War der Ofen heiß genug, so wurde mit einem Metallschieber die Glut rechts und links auf die Seite geschoben und der mittlere Teil mit einem in Wasser getauchten Reisbesen gesäubert, der oft genug trotzdem in Brand geriet und schnell in einem bereit stehenden Wasserkübel gelöscht werden musste. Dann wurden die Brotlaibe mit einer langen hölzernen Backschaufel eingeschossen. Nach einer gewissen Zeit wurden die Laibe im Ofen *gerückt,* also von einem Platz an einen anderen verschoben, weil der Ofen nicht überall gleich warm war und deshalb die Brotkruste auf

Das Backhaus in Isingen mit meinem Onkel Gottlob Metzger als »Backmeister«

Holzbeheizter Hausbackofen mit *Beete*

Frisch gebackene Weihnachtsbrezeln

der einen Seite schneller bräunte als auf der anderen. Waren die Brote fertig gebacken, kamen sie aus dem Ofen zum Auskühlen auf das Backbrett zurück, später dann zur Aufbewahrung auf die *Hange* (das Hängegestell) im Keller, wo sie kühl und feucht gelagert und vor Mäusen sicher waren.

Neben dem Brot wurden immer auch *Beeten* gebacken, eine Art Riesenpizza auf einem großen rechteckigen oder runden Kuchenblech. Die Basis der *Beeten* war der übliche Weißbrotteig; belegt wurden sie, je nach Jahreszeit, mit verschiedenen Früchten oder Obst, aber auch nur mit Zucker bestreut, mit Zwiebeln oder Speck belegt. Manchmal war der Belag überdeckt von einer *Klopfete* aus Rahm und Eiern, die nach dem Backen die *Beete* goldgelb überzog. Die *Beete* war schnell durchgebacken, kam zu Beginn oder am Ende des Brotbackens in den Ofen und war, zusammen mit dem üblichen Milchkaffee, ein gern gesehenes Mittagessen am Backtag, an dem für das Kochen sowieso keine Zeit geblieben wäre.

Zwei Besonderheiten wären noch zu nennen. Vor Weihnachten backte man größere Mengen von *Hutzelbrot.* Dazu wurde ein Schwarzbrotteig anstatt mit Wasser mit *Hutzelbrühe* und mit *Hutzeln* (Dörrobst) durchgeknetet. *Hutzelbrot* war viel fester als normales Schwarzbrot. Es hielt sich lange und trocknete nicht so schnell aus. Das leicht süßliche *Hutzelbrot* wurde während der Weihnachtszeit verzehrt, häufig dick mit Butter beschmiert. Aus dem Weißbrotteig, etwas verfeinert mit Butter und ein wenig Salz, entstanden die *Gute-Jahr-Brezeln*, Riesenbrezeln, die man vor dem Backen noch be-

strich und die während der Weihnachtszeit und zum neuen Jahr als Geschenk an Verwandte, Freunde und Bekannte gingen, aber auch zum Frühstück in den Milchkaffee getunkt wurden. Ein ähnlicher Teig wie für die Brezeln wurde auch zum Backen von Hefezöpfen verwendet, und zwar immer dann, wenn ein Ereignis anstand, bei dem man viele Gäste zum sonntäglichen Nachmittagskaffee erwartete.

Vergnügte Geselligkeit vor der Leidringer Backstube

Beim Waschtag im Freien stand der Zuber auf einem Dreibein.

Waschen

Das Waschen geschah um 1950 noch auf ganz traditionelle Art. Waschmaschinen waren damals in Isingen nicht bekannt. Alle vier Wochen gab es einen Waschtag mit großer Wäsche; zwischendurch wurden nur die Wollsachen, die man nicht kochen durfte, und das eine oder andere Kleidungsstück, das man dringend wieder benötigte, in der Küche auf dem Schüttstein in einer Schüssel herausgewaschen. Am Waschtag selbst musste zunächst der Waschkessel mit der *Waschbrühe* (Wasser mit Waschpulver) angeheizt werden. In den größeren Bauernhäusern stand dieser fest montiert in der Waschküche. Vor vielen anderen wurde zuerst ein transportabler Waschkessel, versehen mit einem kurzen Ofenrohr, im Hof aufgebaut; die ganze Waschzeremonie fand dann im Freien statt. Im Waschkessel wurde die Wäsche unter stetigem Umrühren mit einem riesigen Holzlöffel gekocht. Ganz fortschrittliche Waschkessel waren schon mit einem durch Wasser oder Strom betriebenen Drehkreuz aus Holz ausgerüstet, das nach einer gewissen Zeit die Drehrichtung änderte. Aus dem Waschkessel kam die siedend heiße Wäsche, oft schweres Leinen, in den Waschzuber, der auf einem hölzernen Dreibein stand, um die richtige Arbeitshöhe zu gewährleisten. Zwei oder drei Frauen bearbeiteten darin die Wäsche mit Kern- oder Schmierseife durch Reiben des Stoffs aneinander, durch Bürsten von

Flecken mit der Wurzelbürste und durch Rubbeln auf dem Waschbrett – eine körperlich anstrengende und viel Zeit in Anspruch nehmende Tätigkeit, bei der sich verwandte oder bekannte Familien gegenseitig unterstützten und nebenbei in Gesprächen vieles *verkuddelten* (beschwatzten).

Die so bearbeiteten Wäschestücke kamen zum *Schwenken* in einen zweiten Zuber und wurden dort ein paar Mal durch das frische Wasser gezogen. Dann wrang man sie aus, große Stücke zu zweit, indem man sie an beiden Enden gegeneinander verdrehte. Kleine Stücke kamen dazu in einen am Boden und seitlich mit kleinen Löchern versehenen Topf, der in eine Art Presse eingesetzt wurde. Mit Hilfe eines durch eine Gewindespindel beweglichen Deckels wurde aus der Wäsche das Wasser herausgepresst. Einige wenige junge Haushalte verfügten damals bereits über eine elektrisch betriebene Wäscheschleuder, was eine große Erleichterung der Arbeit darstellte, sowohl was diese selbst betraf als auch den höheren Grad des Feuchtigkeitsentzugs aus der Wäsche. Getrocknet wurde die Wäsche, wenn es irgend ging im Freien, oft an beweglichen Hochseilen, die von einem Fenster aus zu einem Baum oder einem Masten gespannt waren, häufig auch an einem Wäscheseil, das man eigens zwischen den Obstbäumen auf der Wiese hinterm Haus befestigte. Bei hellem Sonnenschein und einem geeigneten Stück Wiese in der Nähe legte man auch schon einmal Bettlaken zum Bleichen darauf aus. Nach dem Trocknen wurden beim Abhängen die großen Stücke *gestreckt:* Zwei Personen hielten je ein Ende des Wäschestücks fest und zogen es ruckartig mehrmals heftig auseinander, um es zu glätten.

Die »große« Wäsche wird am Hochseil getrocknet.

Anschließend legte man es auf eine bestimmte Art zusammen, zuerst der Breite nach in der Mitte, dann das Gleiche noch einmal, dann, indem die beiden Personen aufeinander zugingen, der Länge nach, ebenfalls in der Mitte; der Rest wurde dann von einer Person erledigt. Im Winter, wenn das Wetter sehr schlecht war, trocknete man kleinere Stücke, wie zum Beispiel Leibwäsche, an den Wäschestangen, die in der Stube um den gusseisernen Ofen herum angeordnet waren. Die größeren fanden ihren Platz auf der *Bühne,* wo sie unter Umständen Stein und Bein zusammenfroren und wie Bretter dort hingen. Am Waschtag selbst war keine Zeit für eine große Kocherei. Das Mittagessen war deshalb immer sehr einfach; oft gab es nur Milchkaffee und Brot.

Gebügelt wurden meiner Erinnerung nach nur Blusen und Hemden, die zum *Sonntagshäs* gehörten, manchmal auch die Bettwäsche, soweit sie nicht aus dem damals allgemein üblichen *Kelsch* war, einem groben und steifen Leinen, bei dem man mit Bügeln überhaupt nichts ausrichten konnte. Eine Heißmangel gab es damals in Isingen nicht. Das elektrische Bügeleisen wurde mit Hilfe eines speziellen Einsatzes an Stelle der Birne in die Stubenlampe eingesteckt, weil eine Steckdose in der ganzen Stube nicht vorhanden war. Das Bügeleisen war selbstverständlich nicht temperaturgeregelt, und es blieb der Erfahrung der Büglerin überlassen, es rechtzeitig immer wieder ein- oder auszuschalten, sodass hässliche Brandflecken vermieden wurden. Oft war das Bügeln eine Sonntagsarbeit, die nach außen nicht auffiel und, weil sie leicht war, eher als Vergnügen denn als Arbeit eingestuft wurde. Bis dahin war die Wäsche oft so ausgetrocknet, dass sie mit Wasser eingesprengt werden musste, um überhaupt wieder »bügelfähig« zu werden.

Nähen, Flicken, Stricken

Zur Berichtszeit kauften die Isinger nur selten Fertigkleidung, allenfalls für den Sonntag oder für eine Hochzeit. Alle anderen Kleidungsstücke, vor allem das ganze *Wertigshäs* (die Werktagskleidung) für Männer, Frauen und Kinder, waren selbst genäht. Man kaufte den dazu notwendigen Stoff, der mehr nach Qualitäts- als nach Schönheitsgesichtspunkten ausgewählt wurde, und hatte einen Vorrat an Schnittmustern, nach denen zugeschnitten wurde. Manche, vor allem jüngere Frauen, hatten eine Nähschule besucht und konnten auch schwierigere Arbeiten selbst erledigen; alle aber konnten mit der Nähmaschine, die zu jedem Haushalt gehörte und noch mit dem Fuß und nicht elektrisch angetrieben wurde, gut umgehen. Genäht wurde im Winter, wenn keine Feldarbeit mehr zu erledigen war. Die ganze Stube war dann Nähstube. Oft verabredeten sich zwei oder drei Frauen aus verschiedenen Familien, die ähnliche Näharbeiten vorhatten, zu gemeinsamer Arbeit, nicht zuletzt, um sich an komplizierten Stellen gegenseitig zu beraten oder einander beim Abstecken oder Anprobieren zu helfen. Manche Bäuerinnen stellten auch ein oder zwei Mal im Jahr eine professionelle Näherin an, die ein paar Tage hintereinander ins Haus kam, mit am Esstisch saß und einen eher geringen Lohn für ihre Arbeit bekam. Die Hausnäherinnen waren echte »Tagblätter«: Weil sie tagelang ganz in der Familie lebten, bekamen sie natürlich viele Interna mit, die sonst nicht nach außen getragen worden wären. Nicht selten ergänzten sie auch phantasiereich ihre vermeintlichen Beobachtungen, und manches Gerücht, das im Dorf kursierte, war auf ihre Indiskretionen zurückzuführen. So schätzte sich die Großfamilie Frommer glücklich, mit meiner Tante Anna – der *Häusle Anna*, damals schon im Rentenalter –, über eine tüchtige Hausnäherin zu verfügen, die nichts aus der Verwandtschaft hinaustrug.

Die häufigste Arbeit war aber nicht das Nähen neuer Bekleidungsstücke, sondern das Flicken der alten. Da wurden Hemdkragen gewendet, wenn sie *durch* waren, oder durch neue ersetzt, indem man aus dem Teil des Hemdes, der beim Tragen unsichtbar in der Hose steckte, ein Stück Stoff herausschnitt und dafür ein anderes, oft gar nicht dazu passendes einnähte. Ähnlich wurde bei durchgewetzten Ärmelmanschetten verfahren. Arbeitshosen, -kittel oder -kleider bekamen *Plätze* (Flicken) aufgesetzt, sei es am Hintern, an den Knien oder Ellenbogen. Auch hier achtete man mehr darauf, dass die Flickarbeit handwerklich ordentlich gemacht war, als darauf, dass der eingesetzte Flicken stofflich oder farblich genau passte. Ausgefranste Hosenbeine wurden abgeschnitten und neu umgenäht, waren dann ein bisschen kürzer, eben »Hochwasserhosen«. War der Bauer dicker geworden, sodass die Hose nicht mehr zuging, bekam sie einen Zwickel eingenäht. Für Kinder und Heranwachsende pflegte man in Hosenbeine, Ärmel und Kleider eine Falte einzunähen, die man später »herauslassen« konnte, wodurch das Kleidungsstück dann wieder die richtige Länge hatte, das Verlängern aber wegen der Farbunterschiede deutlich sichtbar blieb. Geflickt hat man natürlich auch Leib- und Bettwäsche. Bettlaken, die durch lange Benutzung in der Mitte *blöd* waren, das heißt so dünn, dass sie durchsichtig wurden, *stürzte* man, indem man sie in der Mitte auseinander schnitt und an den bisher äußeren Seiten wieder zusammennähte. Das Betttuch hatte dann zwar in der Mitte ein Naht, blieb aber noch lange Zeit voll funktionsfähig – für die Prinzessin auf der Erbse wäre das natürlich keine Lösung gewesen!

Zur Flickarbeit gehörte auch das Annähen von Knöpfen, das natürlich oft ad hoc erfolgen musste, selbst am Mann oder an der Frau, wenn dieser oder diese das Kleidungsstück unbedingt anbehalten wollte oder musste. Ansonsten wurden aber alle Stücke, an denen ein Knopf fehlte, nach dem Zusammenlegen im Anschluss an das Waschen zur Seite gelegt und dann bei Gelegenheit die fehlenden Knöpfe ergänzt. Dazu kam die große *Knopfschachtel* auf den Tisch, in der man seit vielen Jahren – ich glaube zum Teil über Generationen hinweg – Knöpfe aller Art gesammelt hatte, und in der sich immer ein einigermaßen passender Knopf fand. Bevor man übrigens ein wirklich nicht mehr zu reparierendes Kleidungsstück zu einem *Lumpen* (Putzlappen) umfunktionierte, schnitt man die als noch wertvoll erachteten Knöpfe ab und warf sie in die *Knopfschachtel*. Auch beim Anfertigen neuer Kleidungsstücke wurde immer zuerst geprüft, ob sich nicht in der Knopfsammlung etwas Passendes fand oder ob man dort vorzufindende Knöpfe nicht mit dem neuen Stoff beziehen konnte, bevor man sich entschloss, tatsächlich neue Knöpfe zu kaufen. Für Kinder war es übrigens immer ein Ereignis, wenn die *Knopfschachtel* herausgeholt wurde. Sie begannen sofort mit den Knöpfen zu spielen, oft nicht eben zur Freude der Erwachsenen, wenn hinterher die Knöpfe in der ganzen Stube verstreut waren oder ein Kind den gerade benötigten Knopf einfach nicht herausrücken wollte, weil er im Spiel zu einer zentralen, nicht austauschbaren Figur geworden war.

Ähnlich wie beim Knopfannähen verfuhr man auch beim Flicken von Stricksachen. Sie wurden nach der Wäsche auf Löcher geprüft und gegebenenfalls zur Seite gelegt, um dann eines Tages, wenn Zeit dafür übrig war, gestopft zu werden. Dafür stand oft die originale Wolle nicht mehr zur Verfügung. Man suchte dann eben eine möglichst passende, und nicht selten hatten ein Paar Socken oder ein Kinderpullover verschiedenfarbige Flickstellen. Dünn gewordene, *blöde* Stellen wurden vorsorglich geflickt, solange die noch vorhandenen durchgehenden Fäden die Arbeit erleichterten. Ich selbst habe mich auch im Stopfen großer Löcher in Socken versucht, so wie ich es bei meinen Tanten gesehen hatte. *Der Socken* mit dem Loch wurde über ein Stopfei gespannt, dann mit dem Flickgarn in einer Richtung ein Gitter darüber gezogen und dieses später in der anderen, zur ersten senkrecht stehenden, durchwoben, immer ein Quergarn über, das nächste unter der Nadel. Zum Schluss klopfte man dann noch die Ränder des gestopften Loches (mit der Schere gegen das Stopfei), damit die doppelt dicken Stellen am Rande des geflickten Loches beim Tragen im Schuhwerk nicht drücken sollten.

Das Stricken selbst war für die Frauen mindestens während des Winters eine allgegenwärtige Tätigkeit. Man hatte immer ein Strickzeug parat liegen, und sobald es nichts anderes mehr zu tun gab, sobald man sich auf einen Stuhl, die Eckbank oder das Sofa setzte, griffen die Frauen nach dem Strickzeug. Meist ging es dabei um Socken, um Pulswärmer oder Handschuhe (in der Regel Fäustlinge), um Schals oder Mützen, aber auch um Pullover und Jacken. Vor allem die jüngeren Frauen verkünstelten sich mit komplizierten Strickmustern (dem *Zöpflemuster*) oder mehrfarbigen Ausführungen (Rauten- oder Norwegermuster). Mit Stolz trugen dann nicht nur Kinder, sondern auch Jugendliche und Erwachsene die selbst gestrickten Kunstwerke. Die Wolle dafür wurde in Bündeln gekauft und musste zum Stricken auf Knäuel umgewickelt werden. Dazu waren zwei Personen notwendig: eine, die das Bündel zwischen den ausgestreckten Armen aufspannte, die andere, die den Knäuel um einen Papierkern herum aufwickelte. Wenn die beiden nicht aufpassten, konnte sich die Wolle verwickeln, was dann meist zu langwierigen und verzwickten Entwirrarbeiten führte. Nicht immer verwandte man neue Wolle. Oft wurden ältere Wollsachen, weil sie nicht mehr gefielen, oder, häufiger, weil sie Kindern zu klein geworden waren, aufgezogen und die Wolle wurde neu verstrickt und durch andere ergänzt: Anlass vielleicht für ein zweifarbiges Muster. War ein Kind aus einem Pullover, der noch gut war, herausgewachsen, so wurde dieser angestrickt, an den Ärmeln und in der Länge; ebenso die langen Wollstrümpfe, die Jungen wie Mädchen damals an Strapsen trugen. Anstricken war auch dann die Lösung, wenn eine Jacke oder ein Pullover zum Beispiel am Ellbogen so durchlöchert war, dass ein Stopfen unmöglich erschien. An den langen Winterabenden war das Stricken nicht nur Selbstzweck, sondern auch eine Form des frohen und munteren geselligen Beisammenseins. Die Frauen gingen in verschiedene Häuser reihum *z'Liecht*, das heißt, sie verabredeten und versammelten sich in einer Stube, saßen um den Tisch herum, strickten, tauschten Neuigkeiten aus und berieten sich gegenseitig, wie ein Problem, das nicht unbedingt etwas mit dem Stricken zu tun haben brauchte, am besten zu lösen wäre.

Schlachten

In jedem Bauernhaus wurde zwei Mal im Jahr eine fette, ungefähr drei Zentner schwere Sau geschlachtet, und zwar im späten Herbst und im zeitigen Frühjahr; zeitlich möglichst weit auseinander, aber eben zu Zeiten, in denen es nicht mehr oder noch nicht so warm war, dass frisches Fleisch oder frische Wurst leicht verdarben. Am Schlachttag kam der Hausmetzger und tötete mit einem Schussapparat das zum *Metzgen* vorgesehene Schwein. Es wurde anschließend an den Hinterfüßen aufgehängt, gestochen, das herauslaufende Blut in einer großen Schüssel aufgefangen und die Sau in heißem Wasser gebrüht, damit sie mit scharfen Messern *geschabt* werden konnte. Dieses Entfernen der Borsten war ein langwieriges, mühsames und recht genau auszuführendes Geschäft, bei dem sich zum ersten Mal zeigte, was für die Schlachttage typisch war. Sie waren immer auch ein geselliges, beinahe festliches Ereignis, eher für die Männer als für die Frauen: Verwandte und/oder Nachbarn halfen mit, die umfangreiche und schwere Arbeit zu erledigen, bei der der Hausmetzger das Wort führte und seine Anweisungen gab, die strikt eingehalten wurden. Bei meinen Verwandten wurde in der Waschküche geschlachtet, die vorher diesem Zweck entsprechend umgerüstet worden war. Im Waschkessel kochte das viele heiße Wasser, das man den ganzen Tag über brauchte; zusätzliche Tischplatten auf Böcken boten angemessene Arbeitsplätze.

Die Sau wird gebrüht …

Zunächst war aber vor allem der Metzger gefordert. Er haute das Schwein aus und zerlegte es. Die *Viertel* wurden vom Knochen gelöst; sie kamen später ins Salz und dann in den *Rauch*, ebenso andere, kleinere Fleischstücke. Dann machte er sich an die Rückenstücke, die Ripple und *Knöchle* und schnitt das *Beinfleisch* (Fleisch, das sich nicht vom Knochen trennen lässt) zu. Die anderen mitarbeitenden Personen trennten inzwischen das Fett, das später zu Schmalz ausgelassen wurde, von der Schwarte und vom roten Muskelfleisch, das gesammelt wurde, um daraus später das Brät für die Bratwurst herzustellen. Die Innereien und die Schwarten, ebenso ein Teil des Beinfleisches wurden im Wurstkessel sofort gekocht und später für die Herstellung der schwarzen Wurst

… aufgeschnitten und halbiert …

… und vom Metzger ins Haus gebracht.

und der Leberwurst benötigt. Jetzt gab es auch das Vormittagsvesper in Form des *Kesselfleisches:* Noch dampfend kam es auf den Tisch und die am *Metzgen* bisher Beteiligten konnten sich ihr Wunschfleisch aussuchen, ein Stück davon abschneiden, Brot dazu essen und einen Schnaps dazu trinken.

Anschließend begann das *Wursten.* Das dafür vorgesehene Fleisch und die Schwarten wurden klein geschnitten oder durch den Fleischwolf gedreht und jede Menge rohe Zwiebeln gehackt. Das *Brät* musste völlig getrennt behandelt werden, weil in die Bratwurst nichts Gekochtes hineinkommen durfte. Dem Geschick des Metzgers blieb es überlassen, die Wurst richtig zu würzen; die Vorliebe für einen bestimmten Hausmetzger hing sehr stark davon ab, ob er dabei den Geschmack der Bauernfamilie traf oder nicht. Der Metzger füllte gewürztes Blut in den Magen und Teile des Dickdarms, das ergab die nicht lange haltbare Blutwurst; die *schwarze Wurst,* in Teile des Dünndarms abgefüllt, bestand aus geronnenem Blut, versetzt mit klein geschnittenen Speckwürfeln; die Leberwurst, teils im Dickdarm, teils im Dünndarm, bestand aus den durch den Wolf gedrehten Schwarten, Innereien und Fleischstücken. Alle drei Wurstarten mussten im *Wurstkessel* längere Zeit auf »kleiner Flamme« gehalten werden, was ohne Thermometer gar nicht so einfach war. Drohte die Hitze zu gering zu werden, musste man ordentlich nachlegen; drohte die Wurstbrühe zu kochen, hielt man dagegen kaltes Wasser zum Nachschütten bereit. Zuletzt kamen die Bratwürste dran. Sie wurden sorgfältig getrennt behandelt, weil sie als Dauerwurst vorgesehen waren und deshalb nicht mit schnell Verderblichem in Berührung kommen durften.

Zur Berichtszeit doste man zusätzlich Wurst von allen Sorten und auch etwas Fleisch ein. Dafür wurden an sich Kilodosen verwendet. Weil man die ein- oder mehrmals gebrauchten Dosen nicht wegschmiss, sie aber bei der Wiederverwendung um den alten Schließwulst gekürzt werden mussten, waren die meisten Dosen erheblich kleiner. Fleisch, Brät oder Wurstbrei wurde heiß in die sorgfältig gereinigten Dosen abgefüllt, sodass nach dem Verschließen möglichst kein Luftraum in der Dose verblieb. Der Metzger stellte die für das Eindosen notwendige Maschine zur Verfügung. Die mit deren Hilfe verschlossenen Dosen mussten zwei Stunden lang in kochendem Wasser sterilisiert werden. Beim Abkühlen wurden sie mehrmals umgedreht, damit sich das Fett in

Der Hausmetzger bindet den Schwartenmagen zu.

den Dosen möglichst gleichmäßig verteilte. Das Dosenfleisch war, im Gegensatz zur Dosenwurst, nicht sonderlich beliebt; gleichgültig, wie man es zubereitete, es blieb trocken und faserig.

Fleisch, das nicht zum sofortigen Verbrauch bestimmt war, auch solches, das später geräuchert werden sollte, salzte man ein und bewahrte es in einem hölzernen Zuber im Keller auf. Damit war ein Großteil der Arbeit getan, und man konnte, meist zu schon fortgeschrittener Stunde am Nachmittag, zur Hauptmahlzeit des Schlachttags, zur *Metzgersuppe* übergehen. Da gab es dann Sauerkraut, in dem frisches Fleisch gekocht worden war, dazu die dicke Blutwurst und eventuell auch erste Leber- und Bratwürste, Kartoffeln oder Brot, zum Trinken Most und natürlich auch wieder Schnaps, der helfen sollte, das ungewohnt schwere und vor allem fette Essen ordentlich zu verdauen. Mit einer *Metzgersuppe* – bestehend aus einem oder mehreren Fleischstücken, einer Leberwurst und einem Paar Bratwürste – schickte man die Kinder zu Nachbarn und Verwandten los; auch der Pfarrer und der Lehrer hatten nach der Dorfsitte einen Anspruch darauf. Meine Base erinnert sich daran, dass sie an zwölf verschiedene Stellen gehen und eine *Metzgersuppe* ausliefern musste. Der Usus, andere mit einer *Metzgersuppe* zu beschenken, hatte wohl den tieferen Sinn, in einer Zeit, in der es keine Möglichkeit gab, frisches Fleisch länger zu konservieren, doch über einen längeren Zeitraum, sozusagen den ganzen Winter über, die Versorgung mit Frischfleisch zu sichern, da man davon ausgehen konnte, von den so Beschenkten in gleicher Weise bedacht zu werden.

Dass man in Isingen möglichst fette *Sauen* schlachtete, hing damit zusammen, dass das Schweineschmalz neben *dem Butter* das ganze Jahr über das wichtigste Fett im Haushalt war. Am Abend des Schlachttags wurde das *Schmalz geschnitten*: Der inzwischen ausgekühlte Speck musste in kleine Würfelchen zerteilt werden. Diese wurden am nächsten Tag in großen Töpfen auf dem Herd erhitzt und das Fett wurde darin ausgelassen. Man goss es in die charakteristischen Schmalzhäfen – graues Steingut mit blauen Verzierungen – ab und bewahrte es auf; der zurückbleibende Rest, die Grieben, wurden einer schnellen Verwendung, beispielsweise mit Bratkartoffeln, zugeführt, weil sie sonst ranzig wurden und dann nicht mehr schmeckten. Die verschiedenen »Düfte«, die am Schlachttag und beim Schmalzauslassen durchs Haus zogen, sind mir bis heute in Erinnerung und nicht immer nur angenehm.

Im einzigen Kamin des Bauernhauses, durch den der Rauch der Holzfeuer im Herd und im Stubenofen abzog, war eine Rauchkammer eingerichtet. Die schwarzen Würste, die Leber- und die Bratwürste kamen gleich nach dem Auskühlen *in den Rauch.* Während die Bratwürste längere Zeit dort verblieben, hingen die anderen Würste nur wenige Tage, bevor sie wieder herausgenommen wurden. Das eigentliche Rauchfleisch blieb zunächst im Salz und kam erst später längerfristig *in den Rauch*. Um den Bratwürsten und dem Speck das richtige Aroma zu geben, wurde in der Zeit des Räucherns verstärkt mit *Büscheleholz* gefeuert. Nach dem *Rauchen* hing man den Speck und die Bratwürste bis zum Verbrauch auf der *Bühne* auf, was gleichzeitig eine Art Lufttrocknung bewirkte.

Garten

Jedes Bauernhaus hatte, möglichst in geschützter Lage, meist am Giebel gegen Süden, nach Westen gegen Wind durch Bäume abgeschirmt, einen etwa 100 Quadratmeter großen Garten, der zum Schutz vor den frei laufenden Hühner mit einem Lattenzaun umgeben war. Der Garten war regelmäßig angelegt. Dem Zaun entlang waren breite Rabatten, die zum Teil mit blühenden Stauden, auch mit Rosensträuchern bepflanzt waren, zum Teil, eher im rückwärtigen Bereich, mit Beerensträuchern, vor allem mit Roten *Träuble,* aber auch Schwarzen Johannisbeeren, mit Himbeeren und Stachelbeeren. Die Fläche in der Mitte war durch zwei sich kreuzende Gartenwege geviertelt. Entlang dieser Wege befanden sich schmale Blumenrabatten, durch Einrahmungen verschiedener Art (Bretter, Feldsteine, Kunststeinplatten) gegen diese abgetrennt. Die Wege waren oft nur einfach mit fest getretener Erde bedeckt, manchmal bekiest, selten mit Steinplatten belegt.

Im eigentlichen Nutzgarten, also auf den Beeten in den vier Vierteln, wurde Salat und Gemüse angebaut. Zunächst waren da einmal die Küchenkräuter, leicht zugänglich, sodass man sie auch bei schlechtem Wetter schneiden konnte. In allen Gärten fand man Schnittlauch und Petersilie, darüber hinaus Dill, Borretsch und Kerbel, seltener Minze, Majoran und Bohnenkraut. An Salaten gab es Kresse, Schnittsalat, Kopfsalat, Endivie und Ackersalat.

Hühnergatter mit *Biebele* vor dem Backhaus in Leidringen

Rettiche wurden so angebaut, dass man möglichst die ganze Vegetationsperiode über laufend ernten konnte, angefangen mit den Radieschen über den Weißen Ostergruß bis hin zu den großen, außen roten oder blauen Sommerrettichen und den Weißen Riesen, die man im Spätherbst erntete und zum Teil sogar einlagerte. In einem Beet zumindest waren Steckzwiebeln *gestupft,* deren Kraut im Sommer, wenn sie herangewachsen waren, umgetreten wurde, damit mehr an die Zwiebeln selbst *hinwachsen* sollte. In einem anderen Beet gab es *Gelbe Rüben* (Karotten), in wieder einem anderen *Ranen* (Rote Beete), dazu eines mit Sellerie und eines mit *Kohlräbchen;* auch Erbsen und Buschbohnen durften nicht fehlen. Ein Beet war mit Erdbeeren bepflanzt;

Eine Alt-Bäuerin beschneidet ein Stachelbeer-Bäumchen.

selbst mit Tomaten versuchte man sich, nicht immer mit dem gewünschten Erfolg.

Das Besorgen des Gartens war Sache der Hausfrau. Sie empfand ihn als eine Art Aushängeschild für ihre (gärtnerische) Tüchtigkeit, aber auch als ästhetische Herausforderung. So widmete sie den Blumenrabatten große Aufmerksamkeit. Während der ganzen Vegetationsperiode sollte irgendwo etwas blühen und möglichst farblich gut aufeinander abgestimmt sein. Das begann mit den Schneeglöckchen und Krokussen, ging weiter mit Tulpen und Narzissen, blühenden Polstern, Goldlack, Nelken, Ziermohn und Bauernnelken bis hin zu den herbstlichen Zinnien, Dahlien und Astern. Zur Zierde des Gartens gehörten auch ein oder zwei farbige Glaskugeln, die auf Stecken aufgepflanzt in der Sonne glänzten, und wohl mit ihrem Glitzern auch Vögel davon abhalten sollten, Schaden anzurichten. Zum gepflegten Garten gehörte es außerdem, dass weder in den Beeten noch auf den Wegen Unkraut zu sehen war; wenn möglich erhielten die Gartenwege einen regelmäßigen Strich mit dem Rechen, auf dem man dann jeden *Dapper* (Schuheindruck) sah.

Das Umgraben im Herbst, gleichzeitig düngen, wenn möglich mit Pferdemist, war Aufgabe der Hausfrau, ebenso das *Angärteln* (den Garten neu anlegen) im Frühjahr. Manche Zier- und Nutzpflanzen wurden in Kästen, die man auf dem Fenstersims hielt, ausgesät, mussten in größere Kästen oder Blumentöpfchen (damals alle noch aus Ton) pikiert und schließlich in den Garten gesetzt werden. Bei anderen geschah die Aussaat direkt ins Gartenbeet; sie wurden dann dort *verzupft* (ausgelichtet), damit sie nicht zu eng standen und sich gegenseitig am Wachsen hinderten. Die Rettiche wurden *gestupft*, das heißt jeden einzelnen Samen legte man in ein eigens mit dem Zeigefinger geschaffenes Loch, das zum nächsten einen vorgeschriebenen Abstand hatte. Ähnlich ging man bei Buschbohnen und Erbsen vor, wobei erstere in *Boschen* (kreisförmig in kleinen Rondellen), letztere in Reihen entlang einer Schnur gesteckt wurden. Diese zwischen zwei Hölzern, am Anfang und am Ende des Beetes in den Boden gesteckt, gespannte Schnur spielte auch beim Salatsetzen eine wichtige Rolle: Die Salatpflänzchen sollten dastehen wie die Soldaten, ebenso die Kohlräbchen! Die Erbsen wurden, wenn sie größer waren, durch Reisigäste gestützt. Die Buschbohnen wurden grün geerntet; die Erbsen mit den Schoten, die dann in einem zweiten Arbeitsgang, meist in der Küche, entfernt und dem Schweinefutter beigefügt wurden. Zum Beerenpflücken zog man meist die Kinder mit heran; besonders wenig angesehen war bei ihnen das *Abbeerlen*, also das Trennen der einzelnen *Träuble* von den Stielen, eine Arbeit, die meist am Abend oder am Sonntag erledigt werden musste.

Die Tomaten waren etwas Besonderes; viel Ehrgeiz wurde darauf verwendet, eine gute Ernte zu bekommen. Ich glaube, dass außer für Tomaten keine Setzlinge beim Gärtner gekauft wurden, vielleicht hin und wieder für die Geranien in den Blumenkästen an den Stubenfenstern. Die Tomaten bekamen einen bevorzugten Platz im Garten, an dem sie gegen späten Frost im Frühjahr und frühen im Herbst besonders geschützt waren oder geschützt werden konnten. Sie wurden zusätzlich gedüngt und regelmäßig gegossen – der restliche Garten nur dann, wenn es unbedingt notwendig war, entweder weil man frisch gesetzt oder ausgesät hatte oder weil allgemein extreme Trockenheit herrschte. Die Tomaten band man einzeln an Stecken auf, brach sie regelmäßig aus und pflückte auch im Herbst, wenn ein Nachtfrost befürchtet wurde, die noch nicht reifen Früchte. Diese versuchte man dann in der Sonne auf dem Fensterbrett oder eingewickelt in Zeitungspapier vollends ausreifen zu lassen, was aber nicht immer gelang.

Im Herbst wurden in den Blumenkästen die Geranien zurückgeschnitten und in der Waschküche überwintert. Ich meine mich zu erinnern, dass man auch schon während des Sommers junge Pflanzen aus Stecklingen nachgezogen hat. Die Petunien, die man ebenfalls für den Fensterschmuck verwendete, wurden in Kästen ausgesät, pikiert und als junge Pflanzen in die Blumenkästen eingesetzt. Sie brachten verschiedene Farben – von Weiß, über Rot, Lila und Blau – ans Fenster; bei den Geranien gab es stehende und hängende, aber alle waren rot in verschiedenen Schattierungen. Das Ausbrechen der abgeblühten Dolden und das Gießen der Blumenkästen blieb oft den Kindern oder Heranwachsenden überlassen. Ich glaube übrigens, dass dieser Fensterschmuck im Vergleich zu heute eine eher untergeordnete Rolle gespielt hat.

Krautland

Zum Nutzgarten gehörte auch ein Krautland, das jährlich auf einem anderen in Ortsnähe liegenden Acker – bevorzugt im Gewann *Graben* – entstand. Hier wurden auch Kartoffeln oder Rüben angebaut. Das Krautland war etwa doppelt so groß wie der Hausgarten und wurde in einer Art Mischwirtschaft betrieben. Also einerseits behandelte man es wie jedes andere Feld: mit Ackern, Eggen und ohne künstliche Bewässerung, andererseits wie den Hausgarten: mit Säen, Setzen, Stecken, Hacken und zusätzlichem Düngen.

Auf dem Krautland baute man, wie der Name schon sagt, vor allem Kraut an: Weißkraut, Blaukraut und Wirsing. Die Krautpflänzchen waren im Frühbeet im Hausgarten herangezogen worden. Man setzte sie, wenn sie groß genug waren und die Witterung es zuließ, in das Krautland. Gehackt wurde das Krautland zusammen mit den Kartoffeln oder den Rüben. Im Sommer, wenn es einmal regnete, wurde das Kraut zusätzlich gedüngt. Dazu fuhr man ein *Mistlachenfass* voll Gülle zum Acker und füllte daraus eine hölzerne *Gelde* (einen Zuber), die rechtwinklig zueinander angeordnet vier verlängerte Dauben als Henkel hatte. Durch je zwei Löcher in den Henkeln konnte man lange Stangen so stecken, dass die *Gelde* von zwei Personen, zwischen ihnen an den Stangen hängend, ins Krautland getragen werden konnte. Mit einer *Schapf*, einem an einem längeren Stiel befestigten Weißblecheimer von ungefähr fünf Litern Inhalt, wurde dann jede Krautpflanze einzeln gedüngt, indem man Mistlache aus der *Gelde* schöpfte und vorsichtig an den Strunk des entstehenden Krautkopfes leerte. Diese Arbeit war schwer wegen des Jauchetransports in der *Gelde*, unangenehm wegen des beißenden Geruchs und dem unvermeidlichen Überschwappen der Gülle auf die Kleidung und die Schuhe und sehr zeitaufwändig wegen des Bedienens jeder einzelnen Pflanze; man hielt sie aber – augenscheinlich zu Recht – für notwendig, wenn man eine ordentliche Krauternte haben wollte. Geerntet wurde das Kraut etwa gleichzeitig mit den Futterrüben. Man riss die Krautköpfe mit den Strünken heraus, schnitt diese ab, entfernte die äußeren losen Blätter und lud den kompakten Kopf auf den Mistwagen, während man die losen Blätter in *Futterschieden* (große Körbe) sammelte, um sie zu Hause zu verfüttern. Die Strünke kamen auf die Miste.

Auf dem Krautland wurden immer auch Stangenbohnen angebaut. Dazu mussten die Bohnenstangen, die man zu Hause meist unter dem Vordach gelagert und ursprünglich einmal selber mit dem Beil abgeastet und zugespitzt hatte, mit dem Mistwagen zum Krautland transportiert werden. Sie wurden dann paarweise in Reihen so schräg in den Boden gesteckt, dass sie sich im oberen Viertel überkreuzten. Alle Stecken band man zuletzt an einer in allen Kreuzungspunkten aufliegenden Querstange fest, sodass insgesamt ein recht stabiles Gerüst entstand. Um jeden Bohnenstecken wurden dann sechs bis acht Bohnen, die man als Saatgut von der letztjährigen Ernte zur Seite gelegt hatte, in die Erde *gestupft*. Dabei handelte es sich in der Regel

um so genannte Feuerbohnen, eine robuste, lang blühende und ertragreiche Bohnensorte, deren reife Bohnenkerne lila-schwarz gesprenkelt waren. Die Bohnen keimten, wanden sich an den Stangen empor, blühten und setzten Früchte an. Die Stangenbohnen wurden nicht grün geerntet. Man ließ sie vollständig ausreifen. Im Herbst legte man die Bohnenstangen um und streifte das Bohnenkraut davon ab, was umso besser ging, je

Ein Krautland bei Leidringen: Hier werden Kraut und Bohnen angebaut.

Auf dem *Erdäpfeläckerle*

glatter die Stangen waren. Dann wurden die Bohnenhülsen gepflückt und in Körben gesammelt, das trockene Bohnenkraut angezündet und verbrannt. Die Bohnenhülsen legte man zum Trocknen auf dem *Bühneboden* aus, bevor man dann, irgendwann im Spätherbst oder Frühwinter, die Bohnenkerne aus ihnen herausschälte.

Ins Krautland gehörten immer auch ein paar Reihen Frühkartoffeln für den Eigenbedarf. Sie galten als weniger ergiebig und nicht haltbar, überbrückten aber im eigenen Haushalt die Zeit zwischen Ende Juli und Oktober, in der die alten Kartoffeln nicht mehr schmeckten und nur noch für das Schweinefutter Verwendung fanden. Zur Frühkartoffelernte ging man mit dem *Leiterwägele* oder einer Sackkarre, die einer einrädrigen, seitlich offenen Schubkarre aus Holz glich. Man holte im Korb oder in einem kleinen Rupfensack immer nur so viel Frühkartoffeln, wie man in den nächsten vierzehn Tagen brauchte, weil man hoffte, dass inzwischen an die anderen noch etwas *hinwachsen* würde. Manchmal wurde auch noch Gemüse im Krautland angebaut, so Kohlrabi, Möhren oder Erbsen. Dass dies eher selten geschah, hing vermutlich damit zusammen, dass Pflege und Ernte nicht mit den üblichen Arbeitszeiten auf dem Kartoffel- oder Rübenacker zusammenfielen, also ein Extra-Anmarsch und Extra-Arbeit angefallen wäre.

Vorratshaltung

Die Ernährungsgrundlage während der Zeit, in der nichts mehr geerntet und direkt zum täglichen Essen verarbeitet werden konnte, bildeten die Kartoffeln und das Mehl. Die Kartoffeln wurden im dunklen Keller mit gestampftem Lehmboden eingelagert, sortiert nach großen und kleinen. Die kleinen, zu denen auch beim Heraushacken angeschnittene und beschädigte gehörten, wurden als Schweinefutter in einem speziellen Kessel gedämpft. Die großen Kartoffeln waren zunächst – solange kleine da waren – ausschließlich für die eigene Ernährung und den Verkauf bestimmt. Da es im Kartoffelkeller kaum Licht gab, er außerdem gleichmäßig kühl und feucht war, hielten sich die Kartoffeln sehr gut, wuchsen wenig aus und wurden nicht schnell schrumpelig, sodass man sie bis zur Mitte des nächsten Jahres noch gut essen konnte. Auf der *Bühne* war das Mehl in Säcken gelagert, die ausgestreckt über eine Art Tisch – zwei breite Bretter auf Holzböcken – so dalagen, dass man aus ihnen, sobald man sie aufband, Mehl in gewünschter Menge in die darunter auf dem Boden stehende *Bachschüssel* herauslassen konnte. Es gab in der Regel jeweils mehrere Säcke für Schwarz- und für Weißbrotmehl. Die Lagerung in den leinenen Mehlsäcken bewirkte, dass Luft an das Mehl herankam und es nicht stickig wurde. Die Art der Lagerung erschwerte es den Mäusen, an das Mehl heranzukommen. Trotzdem knabberten sie hin und wieder, sehr zum Ärger der Bäuerin, ein Loch in den Mehlsack, wenn die Katze, die freien Zutritt zur *Bühne* hatte, ihren Pflichten nicht ausreichend nachgekommen war.

In den Kartoffelkeller lagerte man im Spätherbst auch Krautköpfe ein, sodass, je nach Ernteausbeute, bis in das neue Jahr hinein frisches Kraut zur Verfügung stand und, mit einer *Mehle* (in Butter geschwitztes Mehl, mit Krautbrühe abgelöscht) gehaltvoller gemacht, auf den Tisch kam. Ganz wichtig, sozusagen als drittes Grundnahrungsmittel neben dem Mehl und den Kartoffeln, war das Sauerkraut. Es wurde in Isingen nicht aus den spitz zulaufenden Köpfen des Filderkrauts, sondern aus normalem Weißkraut hergestellt. Die Krautköpfe wurden dazu gesäubert, der Strunk mit dem Krautbohrer – einem spitz zulaufenden, im Querschnitt halbrunden, auf beiden Seiten mit einer Schnittkante versehenen Messer – heraus und der Rest mit dem Krauthobel klein geschnitten. Dieser war eine Art überdimensionierter, krautkopfbreiter, aus Holz gefertigter Gurkenhobel, wie man ihn auch heute noch in der Küche verwendet, mit zwei oder drei scharfen Stahlklingen. Das gehobelte Kraut brachte man zur *Krautstande* im Mostkeller, einem Fass aus gebranntem grauen oder braunem Steingut, das gut und gern 100 Liter fasste. In dieses wurde mit einem hölzernen Stößel eine Schicht Kraut nach der anderen fest eingestampft, dazwischen immer eine Lage Salz gestreut. War die *Stande* voll, so deckte man sie mit einem Tuch und einem aus zwei Hälften bestehenden hölzernen Deckel ab und beschwerte diesen mit großen Steinen. Der einsetzende Gärungsprozess dauerte sechs bis acht Wochen, während der das Tuch in Abständen herausgenommen, ausgewaschen und wieder aufgebracht werden musste, um herausgegorene Verunreinigungen zu beseitigen – das Ganze war eine recht übel riechende Angelegenheit! Das fertige Sauerkraut verblieb in der *Stande* und hielt sich dort bis weit in das Frühjahr hinein; sooft es die Hausfrau wollte, nahm sie eine *Kochete,* also einen Kochtopf voll, heraus und deckte den verbleibenden Rest wieder mit Tuch und Holzdeckel ab. Falls die Ernte reichlich genug ausfiel, kellerte man auch *gelbe Rüben* ein, indem man sie im Sand einschlug und so für einige Zeit frisch hielt.

Durch Trocknen haltbar gemacht und dann auf der Bühne aufbewahrt wurden Bohnen, Erbsen und Zwiebeln. Die Bohnen und Erbsen befreite man von ihren Schoten und Hülsen und legte sie zum Trocknen auf dem *Bühneboden* oder auf einer Art Tablett breit gestreut aus. Die Erbsen wurden dadurch beinhart. Sie wurden anschließend in Gläsern oder Schüsseln aufbewahrt und mussten später sehr lange gekocht werden, um sie fürs Essen wieder weich zu bekommen. Bei den Bohnen schrumpelte die äußere Haut beim Trocknen ein bisschen; sie blieben aber im Inneren einigermaßen weich. Sie wurden in Körbchen aufbewahrt, sodass Luft an sie herankam und sie nicht schimmelten. Zubereitet wurden sie mit einer *Mehle* als dickes Bohnengemüse. Die Zwiebeln fädelte man, indem man das verbleibende Kraut mit einer Korbnadel durchstach, auf eine Schnur und hängte sie auf der *Bühne* auf. Vielleicht war auch das Zusammenflechten zu Zöpfen, wie wir es in der Rheinebene heute noch finden, üblich; ich selbst habe es nie gesehen.

Frisches Obst wurde ebenfalls auf der *Bühne* gelagert, in *Hurden*. Bei der Ernte hatte man einen Teil der Äpfel und Birnen nicht geschüttelt, sondern, auf der Leiter stehend, in einen so genannten Gewinnsack gepflückt und sorgsam in Körben nach Hause transportiert. Die Obstvorräte mussten in kurzen Abständen durchgesehen und faulendes Obst musste aussortiert werden. Dies führte dazu, dass man eigentlich nie wirklich gut konserviertes Obst zu essen bekam, es sei denn als Gast in einem anderen Haus. Man biss also nicht in einen schönen Apfel, sondern schnitt den Apfel mit einer fauligen Stelle mit einem nicht rostfreien Messer aus, entfernte faulige und schlechte Teile, schälte die schrumpelige und fleckige Haut ab und erhielt schließlich Apfelstückchen, die nach Metall schmeckten. Ein Teil der ausgesonderten Äpfel war zum direkten Verzehr nicht mehr geeignet; er wurde zu *Epfelmus* (Apfelbrei) verarbeitet oder dem Schweinefutter beigefügt. Trotzdem: Besondere Apfelsorten, so der Boskop, hielten sich schon auch mal bis Ostern! Eine übliche Art, Obst haltbar zu machen, war das Darren. *Hutzeln* stellte man her aus Äpfel- und Birnenschnitzen und aus ganzen Zwetschgen. Das frische Obst musste also entsprechend vorbereitet und auf Rosten für das Darren ausgelegt werden. Das Darren selbst geschah über eine längere Zeit bei niedrigen Temperaturen in einer speziellen, gemeindeeigenen Darre, die während der Darrzeit ein gern genutzter Treffpunkt der jungen Leute war. Die fertigen *Hutzeln* wurden in einer Truhe auf der *Bühne* aufbewahrt. Man brauchte sie für das weihnachtliche *Hutzelbrot,* kochte aber auch Kompott daraus, das im Winter beispielsweise zusammen mit Pfannkuchen durchaus ein vollständiges Mittagessen ergab. Kindern wurde von ihrer *Ahne* schon einmal, so wie heute ein Bonbon oder ein Stück Schokolade, die eine oder andere *Hutzel* zum Auslutschen und Essen zugesteckt.

Die Beeren aus dem Garten kochte man ein und stellte *Gsälz* (Marmelade) her. Erdbeeren mussten dafür nur gewaschen und vom *Butzen* befreit werden, *Träuble* (Johannisbeeren) musste man dagegen zuerst noch von den Stängeln *abbeerlen* (abzupfen), Stachelbeeren einzeln in die Hand nehmen und Stiel und *Butzen* abschneiden und Himbeeren vor allem auf Würmer untersuchen. Eingekocht wurde »Pfund auf Pfund«, das heißt gewichtsmäßig genau gleich viel Zucker wie Beeren, und zwar in einer Messingpfanne, um Geschmacksveränderungen durch Aluminium oder Eisen zu verhindern. Das *Gsälz* kochte man, gemessen an heutigen Vorstellungen, sehr lang und musste es die ganze Zeit über genau bewachen, denn es neigte dazu, überzukochen. Der sich bildende Schaum mit den Verunreinigungen wurde abgeschöpft und alsbald als Brotaufstrich verbraucht, das *Gsälz* in Gläser abgefüllt – vorsichtig und lagenweise, damit keines der Gläser zersprang – und jedes Glas mit Zellophan, das man vorher einseitig mit Wasser – oder, wenn man es besonders gut machen wollte, mit Schnaps – angefeuchtet hatte, verschlossen und mit einem Gummiring gesichert. Nach dem Abkühlen bildete sich, wenn alles richtig gelaufen war, im Zellophanüberzug eine tiefe Kuhle. Das *Gsälz* wurde in der Speisekammer aufbewahrt und laufend kontrolliert. Falls sich an der Oberfläche Schimmel bildete, was öfter vorkam, nahm man die schimmlige Schicht ab und verbrauchte den Rest sofort. Etwas Besonderes war das Herstellen von Apfelgelee aus unreifem Fallobst. Die geviertelten Äpfel kochte man mit möglichst wenig Wasser auf und zerstampfte sie mit einem Holzstößel im Topf. Die entstandene breiige Masse wurde durchgesiebt, in dem man an den vier Fußenden des umgekippten Küchenhockers ein Seihtuch so festband, dass sich in der Mitte eine Art Sack bildete, in den man den Brei hineinleerte und aus dem der Saft in einen darunter gestellten Topf herausfloss. Abschließend wurde der Sack noch ausgedrückt; sein Inhalt kam zum Schweinefutter, der Saft, vermehrt um die entsprechende Menge Zucker, zurück aufs Feuer. Während des Eindickens entnahm man immer wieder Gelierproben. Es galt als besondere Kunst, den richtigen Zeitpunkt für das Abfüllen in Gläser zu erwischen, damit das Apfelgelee hinterher weder zu flüssig noch honigähnlich zäh war. Übrigens: Zur Verfeinerung des Geschmacks wurde oft noch ein Päckchen Vanillezucker zugegeben.

Kirschen, Birnen und Zwetschgen weckte man ein: die Kirschen mit den Steinen, die Birnen in Vierteln, die Zwetschgen entsteint, aber die beiden Hälften noch zusammenhängend. Das Weckgut wurde in die entsprechenden Gläser eingelegt, diese mit gezuckertem Wasser aufgefüllt und mit Hilfe von Einmachgummis und Glasdeckeln verschlossen, nachdem man den Rand des Glases sorgfältig gereinigt hatte. Das Eindünsten geschah auf dem Herd im Weckkessel, auf dessen Einsatz fünf bis sechs Gläser Platz hatten. Die Deckel der Gläser wurden während des Einweckvorgangs mit Spangen festgezurrt und so auf die Gläser gepresst. Der *Weckkessel* wurde bis auf halbe Höhe mit Wasser gefüllt und die Erwärmung mit einem dafür eigens angebrachten Thermometer genau überwacht. Spannend war immer, ob die Gläser nach der Prozedur auch tatsächlich zuhielten oder ob das Ganze wiederholt werden musste. Aus Sparsamkeitsgründen verwendete man nämlich nur dann neue Einmachgummis, wenn die alten sichtbar untauglich geworden waren.

Zum Schluss noch ein paar Worte zum Aufbewahren von Eiern. Die natürlich gehaltenen Hühner legten damals im Frühjahr sehr eifrig, im Winter kaum. So hatte selbst der Bauernhaushalt zu manchen Zeiten nicht genügend frische Eier zur Verfügung. Im Frühjahr, wenn es sie im Überfluss gab, sammelte man sie deshalb und legte sie dann in Wasserglas ein. Dazu füllte man einen Eimer mit sauber gereinigten Eiern und goss das noch flüssige Wasserglas darüber. Es umgab die Eier, verfestigte sich geleeartig und schützte sie so vor eindringenden Keimen. Der Eimer kam dann den Sommer über in den Keller. Im Winter, insbesondere für die Weihnachtsbäckerei, konnten die Eier *aus dem Kalk* geholt und verarbeitet werden.

Landwirtschaft

Um 1950 gab es in Isingen praktisch nur Bauernhäuser; zu den rund hundert um die Zeit der Jahrhundertwende entstandenen waren nur wenige neue dazugekommen, sie alle erstellt in traditioneller Bauweise und entsprechend den bewährten ortsüblichen Bauplänen. Ich denke, dass damals unser Häuschen *im Grund* das einzige »Nur-Wohnhaus« in der Gemeinde war. Es war von meinen Eltern in den dreißiger Jahren als Ferienwohnung erbaut worden und wurde später von der ältesten Schwester meines Vaters als Alterswohnsitz für sie und ihren Mann übernommen.

Die Größe der Höfe schwankte zwischen einem und fünfzehn Hektar. Tatsächlich unterschied man im Ort selbst bei landwirtschaftlichen Vollerwerbsbetrieben deren Bedeutung nach dem Gespann, mit dem gefahren wurde: Es gab *Zwei-Ross-Bauern, Ein-Ross-Bauern* und *Kuhbauern,* daneben eine ganze Reihe von Nebenerwerbsbetrieben, die keinen eigenen Zug hatten. In den Ställen standen höchstens vier bis fünf Kühe, dazu gab es die gleiche Anzahl von Jungvieh. Außerdem gab es in jedem Bauernhaus einen Stall mit mindestens zwei Schweinen und eine mehr oder weniger große Anzahl von frei laufenden Hühnern. Keiner der landwirtschaftlichen Betriebe hatte sich bis zu diesem Zeitpunkt spezialisiert, und in allen wurde eine traditionelle »Allround-Landwirtschaft« betrieben. Aus den beinahe reinen Selbstversorgungsbetrieben waren dank ergiebiger neuer Getreidesorten, dank intensiverer Bewirtschaftung, dank Kunstdünger und nicht zuletzt dank der »Ablieferungspflicht« während des Krieges und in der ersten Nachkriegszeit durchaus wirtschaftlich arbeitende Kleinunternehmen geworden, deren Arbeitsrhythmus das Leben im Dorf weitgehend bestimmte.

Ackern, Eggen, Säen

Direkt nach der Ernte wurden die Stoppeläcker *gestürzt,* das heißt oberflächlich gepflügt, um den Boden für bessere Feuchtigkeitsaufnahme zu lockern und um eine Art Gründüngung bei gleichzeitiger Unkrautbekämpfung zu erreichen. So genannte »Kultivatoren«, wie man sie heute zu diesem Zweck verwendet, waren damals in Isingen noch nicht im Gebrauch. Das *Stürzen* erfolgte mit dem normalen Einscharpflug, der hoch eingestellt und von einem Pferd, das am langen Zügel in der *Fuhr* (Furche) ging, gezogen wurde. Beim eigentlichen Pflügen, für die Winterfrucht im Herbst, für die Sommerfrucht im

Frühjahr, wurde der Pflug tief eingestellt und mit zwei Zugtieren bespannt. Obwohl im Vergleich zu heute die Pflügtiefe noch relativ gering war, musste der hinter dem Pflug Gehende diesen immer wieder anheben, um größeren Steinen auszuweichen – ein körperlich recht anstrengendes Geschäft. Jeder Acker wurde im einen Jahr *zusammen*, im nächsten Jahr *auseinander gefahren*. Beim *Zsammenfahren* begann man mit zwei gegenläufigen, direkt aneinander liegenden Furchen in der Mitte des Ackers und beendete die Arbeit damit, dass die letzte Furche auf beiden Seiten direkt entlang der Grenze zu den Nachbaräckern verlief. Beim *Auseinanderfahren* begann man an den Ackergrenzen mit der Furche auf der Innenseite und führte die Arbeit so lange fort, bis in der Mitte des Ackers eine Doppelfurche entstand. Der Sinn dieses abwechselnden *Auseinander-* und *Zusammenfahrens* war, die Ackerkrume auf dem eigenen Feld und dort gleichmäßig verteilt zu erhalten. Abschließend wurden am oberen und unteren Ende des Ackers zwei oder drei Furchen quer gepflügt, dabei wurde genau auf die *Marken,* also die Vermessungssteine, geachtet, die das Feld begrenzten. Die Bauern setzten in das *Z'ackerfahren* ihre besondere Ehre, sahen darin vielleicht sogar eine Art heilige Handlung, die die Grundlage der Feldbestellung überhaupt erst schafft. Ich erinnere mich, dass mein Onkel mich mehr als einmal ermahnte, eine gerade *Fuhr* zu ziehen und darauf zu achten, dass kein Teilstück nur oberflächlich oder gar nicht umgepflügt wurde. Sprang etwa beim Anheben die Pflugschar nach oben heraus und griff erst nach einem Meter wieder richtig in die Erde, so musste das Gespann zurück *gehauft* und dort wieder angesetzt werden, wo der Pflug herausgesprungen war. Besonders beeindruckte mich, dass am Ende des Ackers der herausgehobene Pflug mit dem *Pflugschäufele* sorgfältig gereinigt wurde, damit nicht fruchtbare Erde verloren ging, wenn man auf dem Feldweg das Gespann wendete. Auch Dreckstollen, die aus den Hufen des Pferdes fielen, wurden aufgesammelt und in das Feld zurückgeworfen. Vielleicht ging es zusätzlich auch darum, dem Pflüger und dem Gespann eine kurze Ruhepause zu gönnen, bevor mit der nächsten Furche die schwere Arbeit wieder aufgenommen werden musste. Neu eingeführt war damals in Isingen übrigens der Wendepflug, der mit zwei Pflugscharen, spiegelbildlich übereinander angeordnet, ausgerüstet war. Am Ende des Ackers wurden die Pflugscharen gedreht und man konnte an die

Ein schmaler Ackerstreifen wird gepflügt.

Dreiergespann beim Eggen – eine Leidringer Besonderheit

eben durchfahrene Furche direkt anschließen: Aus wechselweisem *Auseinander- und Zsammenfahren* war wechselweises Rechts- und Linkspflügen geworden.

Vor dem Säen wurde der Acker geeggt. Die *Egde* war eine gitterartige Stahlkonstruktion in zwei, rund einen Quadratmeter großen Teilen, mit etwa zwanzig Zentimeter langen Zähnen an den Knotenpunkten. Die *Egde,* mit den zudem gegeneinander versetzt stehenden Zähnen, wurde vom Zugtier durch das gepflügte Ackerland gezogen und zerkleinerte und verfeinerte die Ackerkrume. Bei harten, trockenen Böden wurde die *Egde* mit Steinen beschwert, damit sie nicht heraussprang; geschickte Jungbauern stellten sich auch schon einmal breitbeinig auf die beiden Eggenteile, beschwerten sie mit ihrem Gewicht und trieben von da aus die Pferde an. In den Eggenzähnen blieb das untergepflügte Unkraut hängen. Insbesondere bei *Kecken-* (Quecken-)Befall mussten von

Zeit zu Zeit die beiden Eggenteile hochgehoben und von den in den Zähnen hängenden langen weißen »Schnüren« befreit werden. Da die Quecken immer und überall gleich wieder Wurzeln schlagen, wurden sie sorgfältig herausgelesen und an einem benachbarten Ackerrain oder auf dem Feldweg deponiert. Wenn Zeit genug blieb, las man nach dem Eggen auch noch Steine. Entsprechend der Beschaffenheit der Isinger Böden kamen nämlich bei jedem Ackern wieder neue Steine nach oben. Die größeren von ihnen konnten beim Getreidemähen – man setzte damals den Schnitt sehr tief an, um möglichst viel Stroh zu bekommen – ins Messer der Mähmaschine geraten und zu Betriebsstörungen führen, zumindest aber die Schneidkante des Messers verletzen.

Das Säen erfolgte mit der Sämaschine. Ihr Vorratskasten wurde mit gebeiztem Getreide gefüllt, außerdem konnte, je nach Saatgut, der Abstand der Saatrillen (für Weizen enger, für Rüben weiter) vergrößert oder verkleinert werden. Die eindreiviertel Meter breite (anderthalb Meter für die Bespannung mit nur einem Pferd), von zwei Pferden gezogene Sämaschine wurde von hinten mit Hilfe eines langen Bügels so gelenkt, dass Radspur auf Radspur kam und so die Abstände der Saatreihen auch dort gleich groß blieben, wo zwei Durchgänge zusammenstießen. Am oberen und unteren Ackerrand fuhr man mit der Sämaschine je einmal quer, um das Feld auch wirklich ganz auszunutzen. Gesät werden konnte nur bei einigermaßen abgetrockneter Oberfläche, da sonst die Erde an den Saatlegern zu klumpen anfing und keine regelmäßige Aussaat erfolgte. Nach dem Säen wurde, falls erforderlich, das Feld mit der Ackerwalze, ei-

Der Leidringer Hans Sautter beim Einfüllen von Sägut

Beim Säen: Die Bäuerin muss *hinterdreinstupfen*, damit die Erde die Säscharen nicht verstopft.

ner Ringelwalze aus Stahl, bearbeitet, um die Samenkörner richtig anzudrücken. Das Walzen erfolgte manchmal auch erst, wenn die Keimlinge ein paar Zentimeter hoch standen. Auf der dreiteiligen Walze – eine lenkbare Vorderwalze in der Mitte, zwei Seitenwalzen hinten – war ein Fahrersitz montiert, von dem aus das Pferd gelenkt werden konnte.

Die Kartoffeln wurden in der Regel im April gesteckt, indem in jede zweite Furche beim Pflügen Steckkartoffeln gelegt und beim nächsten Umgang mit dem Pflug mit Erde zugedeckt wurden. Nach dem Keimen der Kartoffeln hackte man den Kartoffelacker mit der breiten *Erdäpfelhaube* (Kartoffelhacke) einmal gegen das Unkraut durch; später häufelte man dann die Kartoffelreihen mit dem *Häufelpflug* – einem Pflug mit Plugscharen in beide Richtungen – an.

Getreide hacken und Rüben zupfen

Das ganze Ackerfeld wurde wenigstens einmal im Jahr gehackt; beim Getreide sprach man damals von »Hackfrucht«. Mit dem Einsatz der Sämaschine wuchs das Getreide in Reihen, zwischen denen das Unkraut durch Hacken beseitigt werden konnte. In

***Some hacken* (Getreide hacken) in Siebenerreihe**

den dann etwa zehn Zentimeter hohen Saatreihen selbst war wegen des engen Bewuchses wenig Unkraut zu finden. Das *Somenhacken* wurde mit einer speziellen Hacke, dem *Somenhäuble,* bei guter Witterung besorgt, aber erst nach einem schönen Landregen, wenn die Erde weich war. Wenn möglich, gingen mehrere Personen, von denen jede vier oder fünf Reihen bearbeitete, in gleicher Front vor. Das ausgehackte Unkraut blieb liegen und trocknete aus. Das Getreidehacken war eine langwierige Tätigkeit, aber – trotz in der Regel auftretender Rückenschmerzen – nicht sehr anstrengend und ausgesprochen kommunikativ, weil man sich nebenbei gut unterhalten konnte.

Beim Hacken der Rübenäcker arbeitete man mit dem *Rübenhäuble;* das erste Durchhacken war gleichzeitig mit dem Auszupfen der Saatreihen verbunden. Die Pflanzen standen meist zu eng und hätten zu wenig Entwicklungsmöglichkeiten gehabt. Für das Lichten der Rübenreihen musste man sich gehörig bücken, was auf Dauer recht unangenehm wurde. War an einer Stelle die Saat ganz ausgefallen, setzte man dort vorher ausgezupfte Pflänzchen nach; diese wuchsen aber nur an, wenn es kurz nach dem Umpflanzen genügend regnete. Die Rübenäcker wurden ein zweites Mal gehackt und die Rübenreihen erneut ausgelichtet, wenn die Rüben schon größer waren. Nur in Abständen von etwa dreißig Zentimetern haben die Futterrüben eine Chance, so groß zu werden, wie man sie im Herbst ernten will. Die bei dieser Gelegenheit ausgerupften halbfertigen Rüben wurden im Kastenwagen mit nach Hause genommen und samt Kraut dem Vieh oder den Schweinen verfüttert.

Zurück vom Rübenhacken und *-zupfen* – herausgezogene Pflanzen ergänzen das Saufutter!

Heuet und Öhmd

Die Wiesen, soweit man sie nicht für das tägliche Grünfutter brauchte, wurden zwei Mal pro Jahr gemäht, um im Juni Heu, Ende August, Anfang September Öhmd zu machen. Das Mähen erfolgte mit Balkenmähmaschinen, entweder mit einem schmäleren Mähbalken und einer Doppeldeichsel, zwischen die ein Pferd gespannt wurde, oder mit einem breiteren Mähbalken an einer Maschine mit nur einer Deichsel, gezogen von zwei Pferden. Der Antrieb der hin- und hergehenden Messer erfolgte über die Räder der Mähmaschine. Der Fuhrmann saß auf einem mittig angebrachten Stahlsitz auf der Maschine und lenkte von dort aus mit Hilfe langer Zügel die Pferde. Stellen der Wiese, die mit der Maschine nicht erreicht werden konnten, oder so genannte *Untermahden,* die sich beim Mähen manchmal ergaben, wurden mit der Sense nachgemäht, sodass wirklich kein Gras stehen blieb. Durch einen schräg stehenden Schild am äußeren Ende des Mähbalkens wurde das Mähgut aus der Spur der Mähmaschine für den nächsten Umgang entfernt, damit es dabei nicht durch die schwere Maschine in den Boden gedrückt werden konnte. Das ergab eine unregelmäßige Verteilung des Grases auf der Wiese, die das Trocknen erschwert hätte. Deswegen wurde die frisch gemähte Wiese *gezescht,* das heißt das Gras mit Hilfe einer Gabel gleichmäßig über die ganze Fläche verteilt.

Eine Fünferreihe beim Heuwenden

Nach einem oder zwei sonnigen Tagen *wendete* man die Wiese. Dazu gingen meist mehrere Personen mit Holzrechen im Abstand von ein paar Metern der Wiese entlang und rechten je eine Spur von etwa einem halben Meter Breite frei, sodass schmale *Ruder* (Bänder) entstanden, in denen das bisher unten liegende Gras jetzt oben in der Sonne lag und gut trocknen konnte. Bei drohendem Regen, bei Öhmd auch um das Eindringen der »Nachtfeuchte« zu begrenzen, wurde das trocknende Gras zu großen *Rudern* zusammengerecht und *geschocht,* das heißt zu Haufen zusammengetragen. Heinzen wie im Allgäu oder Oberland kannte man in Isingen nur für das Kleeheu. Die

Schochen wurden am nächsten sonnigen Tag wieder *auseinander getan*. Bei schlechtem Heuwetter musste diese aufwändige Prozedur öfters wiederholt werden, bis endlich das Heu so zusammengerecht wurde, dass man mit dem Heuwagen zwischen zwei *Ruder* fahren und es von beiden Seiten aufladen konnte.

Kinder mussten dafür sorgen, dass das Pferd während des Ladevorgangs ruhig stehen blieb, was bei der Fresslust der Tiere und der Fliegen- und *Bremen*- (Bremsen) plage, die sie unruhig machte, gar nicht so einfach war. Der Leiterwagen war mit Gattern ausgestattet, die es ermöglichten, ihn über das Gestell hinaus hoch aufzuladen. Für das Einfahren des Heus waren mindestens drei Personen erforderlich: eine auf dem Wagen zum Laden, eine um die Heubüschel mit Hilfe einer Gabel zuzureichen und eine, die *nachrechte,* also dafür sorgte, dass kein Heu auf der Wiese zurückblieb. Sobald die *Heuruder* auf beiden Seiten des Wagens aufgeladen waren, wurde nach den Zurufen *Heb de* (»Halt dich fest« für den Lader) und *Hü* (für das Pferd) eine Wagenlänge vorgezogen und dieser Vorgang so oft wiederholt, bis der Wagen voll oder die Wiese abgeräumt war. Der Lader hatte die verantwortungsvolle Aufgabe, die zugereichten Heubüschel in *Glecken* (Gelegen) richtig zu verteilen: ein Büschel rechts, ein Büschel links, eines zum *Dreinladen* in die Mitte. Wenn das erste *Gleck* voll war, wurde das zweite und das dritte, eventuell sogar ein viertes draufgesetzt, mehr an Höhe ließ das Scheunentor nicht zu. Zum Schluss wurde der *Bisboom* (Wiesbaum) hochgereicht, eine dicke Holzstange, länger als der Wagen. Am vorderen und hinteren Ende des Wagens verband man die am *Bisboom* befestigten Spannseile mit der Welle, einer drehbaren Spannvorrichtung, und spannte sie mit Hilfe so genannter Wellnägel so, dass der *Bisboom* das Heu fest auf den Wagen presste. Erst nachdem der Wagen *abgerecht* war, das heißt man auf beiden Seiten das lose hängende Heu beseitigt hatte – der Schönheit des Fuhrwerks halber, aber vor allem, um kein Heu verloren gehen zu lassen – ging es hinaus auf den Feldweg, wobei der wegen der Unebenheiten beim Übergang oft heftig schwankende Wagen von einem Begleiter *gehoben* werden musste. Er sorgte mit einer Gabel, die er auf der gefährdeten Seite in die Heuladung einstach, dafür, dass die Neigung des Wagens nach dieser Seite nicht zu groß wurde. Nach kurzer Fahrt auf holprigem Feldweg musste der *Bisboom* nachge-

Im Isinger Ried wird Heu geladen.

Die Familie Rechen-Enger aus Leidringen bringt Heu ein.

spannt werden, weil das Heu sich auf Grund der Erschütterungen verdichtet hatte.

Auf der Heimfahrt ging der Fuhrmann neben dem Wagen, um die *Micke* (Bremse) bedienen zu können, eine Person fand auf der *Schlettere* Platz, dem nach hinten verlängerten Wagenbrett. Für Kinder war es das Größte, oben auf dem Wagen im Heu zu liegen und sich am *Bisboom* festzuhalten – ein Vergnügen, um das sie immer bettelten, das ihnen aber wegen der Gefahr des Herunterfallens oft versagt blieb, insbesondere wenn man befürchten musste, dass mehrere Kinder dort hoch auf dem Wagen irgendwelchen Unsinn machen würden. Zu Hause angekommen fuhr man mit dem Wagen direkt in die *Schier*. Das Abladen geschah entweder mit der Gabel, wenn der *Barn* (Heustock) direkt zugänglich war, oder mit der Heuzange des Aufzugs, wenn das Heu in einem der oberen Stockwerke der Scheuer untergebracht werden musste. War das Heu oder Öhmd nicht so trocken, wie es eigentlich sein sollte, schaffte man es ins *Grech,* den Raum direkt unter dem Dachfirst. Dort lagerte es dann beispielsweise als *Grechöhmd*. Das Abladen war für alle Beteiligten eine höchst schweißtreibende und staubige Angelegenheit, sogar für die Kinder, die durch *Heustampfen* dafür sorgten, dass auch alles Heu auf der dafür vorgesehenen Fläche untergebracht werden konnte.

Manche Bauern hatten schon, vor allem bei der Heuernte, so genannte Schwadenrechen im Einsatz, die von einem Pferd zwischen der Doppeldeichsel gezogen wurden und mit denen man durch verschiedene Einstellungen der Maschine das Gras oder Heu *zeschen,* wenden oder zusammenrechen konnte. In der Vorstellung meines Onkels ging diese große Arbeitserleichterung auf Kosten der Gründlichkeit; insbesondere beim Öhmd fiel das feine Gras zum Teil zwischen den weiter auseinander stehenden Zähnen des Schwadenrechens durch und war als Viehfutter verloren. Während die Zeit des *Heuet* und der Ernte in der Regel klar getrennt waren, gab es bei Getreideernte und Öhmd im August oft Überschneidungen, was die Arbeitsbelastung aller in der Landwirtschaft Beschäftigten dramatisch erhöhte.

Wenn möglich, mähte man im Herbst wenigstens einen Teil der Wiesen ein drittes Mal, verlängerte mit dem so genannten *Schabgras* die Grünfutterperiode und schonte damit die ewig knappen Heu- und Öhmdvorräte. Fiel der Altweibersommer besonders sonnig aus, so brachte man sogar noch *Haberöhmd*, ein zweites Öhmd nach Hause.

Ernte

Die Bezeichnung Ernte bezog sich in Isingen allein auf das Einbringen des Getreides. Im Vergleich zu heute wurde mit der Getreideernte relativ früh begonnen, solange die Ähren noch nicht voll ausgereift waren. Dies war wichtig, weil wegen der Art und Weise, wie das Getreide geerntet wurde, während der Ernte vollreife Körner ausgefallen und somit verloren gewesen wären. Üblicherweise wurde das Getreide mit Maschinen gemäht. Das galt nicht für so genannte Lagerfrucht, also für Getreide, das durch heftigen Regen oder durch Sturm nicht mehr aufrecht stand, sondern niedergedrückt worden war, und nicht für Getreide auf Baumäckern, die wegen der darauf stehenden Obstbäume nicht maschinell gemäht werden konnten. Auch musste zur Vorbereitung des Mähens mit der Maschine auf jeder Seite des Ackers eine Mahdbreit von Hand geschnitten werden. Stand das Getreide aufrecht, so wurde es mit dem *Hudel,* einer Sense mit einem mit Tuch bespannten Weiden- oder Drahtgestell, zur noch stehenden Frucht hin gemäht oder mit dem *Reff,* einer Sense mit aufgesetztem rechenartigem Holzgestell hinaus-, also vom stehenden Getreide weg gemäht. Handelte es sich um Lagerfrucht, so wurde mit der Grassense gemäht. Beim Mähen mit dem *Hudel* oder der Sense musste das Mähgut mit der Sichel aufgenommen und in *Hecklen* (Bündeln) abgelegt werden, beim Mähen mit dem *Reff* blieb es als *Sammlete* liegen. Während das Mähen in der Regel von Männern besorgt wurde, war das Aufnehmen vor allem Sache der Frauen, auch der größeren Kinder. Mit dem *Hudel* gemähtes Getreide war verhältnismäßig leicht aufzunehmen und lag nachher in wohl geordneten *Hecklen* auf den Stoppeln. Die gemähten Zöpfe der Lagerfrucht dagegen mussten von der Aufnehmerin mühsam entwirrt und so geordnet werden, dass sich hinterher aus den *Hecklen* ei-

Der *Rappen-Wilhelm* mäht das Getreide mit dem *Reff*.

Hier wird das Getreide mit dem *Handableger* gemäht.

ne einigermaßen handhabbare Garbe ergab. Der Hauptgrund für diese aufwändige, Zeit und Kräfte verzehrende Handarbeit war meines Erachtens der Wunsch, möglichst nichts verderben zu lassen, was die Natur dem Menschen bereitet hatte. Hätte man die Lagerfrucht mit der Maschine gemäht, wären mit Sicherheit viele Ähren direkt abgeschnitten worden und die Körner wären auf dem Feld verkommen; wäre man mit der Mähmaschine einfach der Ackergrenze entlanggefahren und hätte hinterher die zunächst überfahrene Zone abgemäht, so wäre mit Sicherheit Getreide unter die Räder der Maschine oder unter die Hufe der Pferde gekommen und dieses Korn wäre verloren gewesen.

Für das Mähen wurden zwei Arten von Maschinen verwendet, die jeweils von zwei Pferden gezogen wurden. Die einfachere war der »Handableger«, eine Balkenmähmaschine, bei der der Balken durch einen Tisch nach hinten so verlängert wurde, dass sich das gemähte Getreide dort sammeln konnte. Auf der

Mähmaschine war über dem rechten, dem Mähbalken nahen Antriebsrad ein zweiter Sitz montiert. Die dort sitzende Person hielt, wenn sich auf dem Tisch genügend Getreide angesammelt hatte, mit einer besonderen Art Rechen dieses fest und streifte es als *Heckle* nach hinten vom Mähtisch ab. Für die Arbeit mit dem »Handableger« waren mindestens vier Personen nötig: der Fuhrmann, der mit Zügeln von seinem Sitz auf der Mähmaschine aus die Rosse richtig lenkte, der neben ihm sitzende »Ableger«, der dafür verantwortlich war, dass die *Heckle* gleichmäßig und von richtiger Größe waren, dazu zwei Personen, meist Frauen, die hinter der Mähmaschine gingen, die *Hecklen* mit der Sichel aufnahmen und um eine Bahn versetzt wohl geordnet wieder ablegten, sodass die Fahrspur für die Mähmaschine für die nächste Runde frei war.

Der richtige Getreidemäher konnte dagegen von einer Person allein betrieben werden. Aufregend, vor allem für Kinder, die auf die Pferde aufpassen mussten, war jeweils der Auf- und Abbau des Mähtischs. Bei der Anfahrt zum Acker war der viertelkreisförmige, wohl anderthalb Meter breite Tisch mitsamt dem Mähbalken hochgeklappt, damit die Maschine keine Überbreite auf den schmalen Feldwegen hatte. Um den Tisch in die waagerechte Mähstellung zu bringen, musste das zweite kleine Nichtantriebsrad ausgebaut, der Tisch herabgekippt und das Rad am Ende des Tischs wieder aufgebracht werden. Dazu konnte ein Fuß, vergleichbar den Wagenhebern unserer Autos, heruntergekurbelt werden, auf dem die Maschine während des Umsetzens des Rades unbeweglich stand. Die Pferde, die während dieser Zeit angespannt blieben, aber von Fliegen und Bremsen geplagt oft recht unruhig waren, sollten absolut stillhalten. Für mich war es immer ein erleichtertes Aufatmen, wenn das Rad montiert und der Fuß hochgekurbelt, die Maschine also wieder voll beweglich war. Beim eigentlichen Mähvorgang war der wesentliche Unterschied zum »Handableger«, dass die gemähten Getreidebündel mit Hilfe von vier Flügeln, die sich durch einen besonderen Mechanismus windmühlenartig drehten, in gleichmäßigen Abständen um neunzig Grad gedreht hinter der Mähmaschine ausgeworfen wurden. Dadurch war die neue Mähspur als Fahrspur für die nächste Runde frei; allein der Fuhrmann, über dem großen Antriebsrad sitzend, war für das Getreidemähen nötig. Nur die mit dem *Hudel* geschnittenen und für die erste Runde mit dem Getreidemäher zur Seite gelegten *Heckle* mussten am Schluss von Hand mit der Sichel aufgenommen und auf den Acker zurückgelegt werden. Man versuchte übrigens beim Mähen die Stoppeln möglichst kurz zu halten, um viel Stroh als Futterzusatz oder als Streu zu bekommen. Bei den steinigen Äckern auf der Isinger Gemarkung bedeutete dies aber auch, dass die Mähmesser rasch stumpf wurden und oft durch Schleifen nachgearbeitet werden mussten. Die modernste Getreidemähmaschine, die damals in Isingen, allerdings nur auf einzelnen Höfen, in Gebrauch war, war ein Bindemäher, den drei Pferde zogen. Für die Arbeit mit ihm wurde das Getreidefeld genauso vorbereitet wie für die anderen Mähmaschinen. Der Bindemäher warf kleine, schon mit einer Schnur gebündelte Garben aus.

Von Hand gemähtes Getreide wird mit der Sichel aufgenommen.

Damit es richtig trocknen konnte, musste das gemähte Getreide mindestens einmal gewendet werden. Das geschah bei den *Hecklen* ebenso wie bei gleichmäßig liegenden *Sammleten* mit Hilfe des *Hecklerechens* (einem Rechen mit langem Stil), den man auf der Ährenseite unter die *Heckle* und *Sammleten* steckte und diese über ihr Strohende umstürzte. Das war weit weniger anstrengend, als wenn man in herkömmlicher Weise die *Heckle* oder *Sammleten* mit der Sichel aufnahm und sie so wendete. Bei Lagerfrucht blieb einem allerdings oft gar nichts anderes übrig, da dort die *Heckle* zum Stürzen viel zu wenig geordnet waren. Erwartete man nach dem Schneiden des Getreides einige Schlechtwettertage, so stellte man das Getreide auf. Die *Heckle* wurden mit der Sichel aufgenommen, vier oder fünf solcher Getreidebündel dann mit den Ähren nach oben aufrecht zusammengestellt und mit einem Getreideband, manchmal auch mit einem *Garbenseile,* zusammengebunden. Die Ähren kamen somit nicht mehr mit dem Boden in Berührung, die Gefahr des »Auswachsens« war minimiert, der Regen lief entlang der mehr oder weniger senkrecht stehenden Getreidebündel ab, und der Wind, der durch die aufrecht stehenden Häuschen blasen konnte, trocknete das Getreide schneller, als wenn es in *Hecklen* am Boden liegen geblieben wäre. Die kleinen Bündel, die der Bindemäher auswarf, konnten direkt und einfach aufgestellt werden.

Um das Getreide in die Scheuer heimholen zu können, musste es zu Garben zusammengebunden werden. Dafür gab es farbige *Garbenseile,* die am einen Ende ein kurzes durchbohrtes Querholz trugen. Sie wurden der Länge nach, meist entlang einer Stoppelzeile, ausgelegt. Oft von Kindern, die ein ganzes Bündel davon um den Hals trugen und nicht nur dafür verantwortlich waren, dass immer ein *Garbenseile* bereitlag, sondern auch dafür, dass die Garben hinterher in einer geraden Reihe ausgerichtet waren, und nicht wie ein *Stiersaich* dalagen. Auf die *Gar-*

benseile wurden die *Heckle* angetragen, entweder mit einer *Antraggabel* oder aber mit der Sichel, was wesentlich anstrengender war, weil man sich nach jeder *Heckle* bücken musste. Während das Antragen hauptsächlich Frauenarbeit war, erfolgte das Binden der Garben in der Regel durch Männer. Sie nahmen die beiden Enden des *Garbenseile* auf – das Querhölzchen reichten ihnen zur Erleichterung der Arbeit oft Kinder zu – und knieten sich auf die Garbe. Sie drückten sie so zusammen und banden sie, indem sie das lose Ende des Seiles unterhalb des Querhölzchens zwei Mal um das andere Ende schlangen und den Rest des Seiles unter dem sich jetzt straff um die Garbe schlingenden *Garbenseile* verankerten. Diese Art des Bindens der Garben sicherte einerseits den für den Transport notwendigen sicheren Zusammenhalt, andererseits das einfache Öffnen der Garbe beim Dreschvorgang. Beim Binden musste darauf geachtet werden, dass das Seil so saß, dass die Kopfseite der Garbe mit den schweren Ähren und die Gegenseite mit dem leichteren Stroh (oft *Garbenarsch* genannt) etwa im Gleichgewicht waren. Ein zur Einfuhr fertig vorbereitetes Getreidefeld sah dann so aus, dass die Garben in einer oder mehreren Doppelreihen so lagen, dass man mit dem Fuhrwerk zum Aufladen durch diese Doppelreihen fahren konnte.

War beim Binden absehbar, dass die Zeit für die restliche Arbeit der entsprach, die der Fuhrmann brauchen würde, um das Fuhrwerk herzuholen, machte sich dieser auf den Heimweg. Er kam dann mit dem Pferdegespann und ein oder zwei Leiterwagen zurück. Das Laden der Wagen geschah in ähnlicher Weise wie beim Heu oder Öhmd. Nachdem das Wagengestell gefüllt und die Spannkette in der Mitte der Leitern geschlossen worden war, wurde mit den *Glecken* zwischen den Gattern begonnen: eine Garbe nach rechts, die andere nach links, beide mit den Ähren zur Wagenmitte, eine dritte in die Mitte zum *Dreinladen.* Mit höchstens vier *Glecken* war der Wagen voll. Der Lader musste dafür sorgen, dass der Wagen nicht einseitig, dafür aber dicht geladen war. Die schwerste Arbeit hatten die zu verrichten, die die Garben dem Lader zureichten. Sie mussten jede einzelne mit der Gabel anstechen und hochstemmen, wobei sie für die oberen *Glecke* eine längere Gabel als normal benötigten. Um den Arbeitsgang etwas zu erleichtern, wurde von manchem die Gabel mit der

Die Mechanisierung schreitet voran: Motormäher im Einsatz.

Zum leichteren Trocknen des Getreides werden so genannte *Häusle* aufgestellt.

schweren Garbe zunächst noch einmal auf den Stiel gestellt, ehe er sie endgültig hochstemmte. Dieses *Mauslöcherstupfen* war aber vor allem bei den Jungbauern nicht angesehen und immer wieder Anlass für Hänseleien. Der fertig geladene Wagen wurde – genau mit denselben Vorrichtungen wie beim Heu – gespannt und auf dem Feldweg abgestellt, der zweite in genau der gleichen Weise beladen, bis entweder das ganze Feld abgeerntet oder alles für diesen Tag vorbereitete Getreide aufgeladen war. Für das Einfahren des Getreides waren mindestens vier Personen erforderlich: ein Kind, das während des Ladens bei den Pferden war und dafür sorgte, dass sie ruhig blieben und sich nur auf Kommando vorwärts bewegten; ein Erwachsener, der die Garben auf den Wagen reichte; ein anderer, der auf dem Wagen das richtige Laden besorgte; schließlich meist eine Frau, die *nachrechte*. Das *Nachrechen* erfolgte mit einem breiten eisernen Rechen mit langen gebogenen Zähnen und einem Quergriff am Stiel, sodass man ihn hinter sich herziehen konnte. Mit dem *Nachrechen* sollte auch der letzte Halm, die letzte Ähre eingesammelt werden; nichts sollte auf dem Acker verkommen.

Für die Heimfahrt wurden die zwei Wagen zusammengekoppelt, indem man die Deichsel des zweiten möglichst weit in das Getreide im Gestell des ersten Wagens hineinstieß und die beiden Wagen mit einer Kette miteinander verband. Für Kinder war es dann eine verantwortungsvolle Aufgabe, neben der *Micke* des zweiten Wagen herzugehen und im richtigen Augenblick und im rechten Maß diesen abzubremsen. Auch verlangte das Fahren mit einem so langen und schwerfällig reagierenden Fuhrwerk auf schmalen

Feldwegen mit engen Kurven vom Fuhrmann einiges Geschick. Und mehr als einmal – meist zur (zumindest heimlichen) Schadenfreude derer, die glaubten, dass ihnen so etwas nie passieren könnte – ist dabei ein Wagen umgestürzt. Weil die schweren Erntewagen den Zugtieren bergauf einiges abverlangten, wurde der zweite Wagen beim *Bott* (Anwesen des Posthalters) abgestellt, also unten vor Beginn der Steigung durch die *Musel* das Dorf hinauf, und später abgeholt. In der Erntezeit standen dort am Straßenrand oft mehrere Wagen, die auf die zurückkehrenden Gespanne warteten.

Die Erntewagen wurden direkt in die *Schier* gefahren. Bei manchen Bauernhäusern gab es eine Hintertür, durch die das Gespann aus der Scheuer hinausgeführt werden konnte. Bei anderen musste es seitlich am beladenen Garbenwagen vorbei durch das Scheunentor zurückgebracht werden. War der Wagen zu breit geladen, so war diese Möglichkeit versperrt. Der Zug wurde dann bereits vor der Scheuer abgespannt und der Garbenwagen, oft unter Ausnutzung eines vorhandenen Gefälles, von der ganzen Bauernfamilie, eventuell verstärkt durch gerade vorbeikommende Nachbarn, in die Scheuer unter das *Obertenloch* geschoben. Das Abladen geschah mit dem elektrischen Aufzug und mit Hilfe einer Garbenzange, mit der von einer Person auf dem Wagen in der Regel drei Garben angeschlagen wurden. Per Aufzug kamen sie auf die Höhe der für die entsprechende Getreideart vorgesehenen *Bühne.* Dort musste die Ladung angehalten und mit Schwung über das Geländer hereingezogen werden. Die Zange wurde gelöst und schwebte wieder nach unten; die Garben schleppte man zum *Barn* und stapelte sie dort möglichst dicht. Das Abladen war aus mehreren Gründen keine besonders attraktive Arbeit: Es geschah am Ende eines arbeitsreichen Tages und alle Beteiligten waren müde und erschöpft. Es war auf dem Wagen und auf der *Bühne* eine höchst staubige Angelegenheit; wenn Gerste geerntet worden war, kamen noch die Grannen dazu, die sich überall festsetzten und auf der

Das Spannseil wird am *Bisboom* angehängt.

Der *Bisboom* wird gespannt.

Ausweichmanöver – der beladene Erntewagen darf auf dem Weg bleiben.

Haut entsetzlich juckten. Und es waren in der Regel die lauen Abende heißer Sommertage, an denen sich die Hitze direkt unter den Dachziegeln staute, sodass der Schweiß in Strömen lief. Zur Steuerung des Aufzugs wurden oft Kinder herangezogen. Nicht immer gelang es ihnen, die Zugleine ganz richtig zu bedienen. Die Zange blieb beispielsweise nicht an der richtigen Stelle stehen, sie kam nicht auf das gegebene Kommando herab, oder sie fuhr zu weit nach oben. So war für die Kinder diese Tätigkeit von der ständigen Angst begleitet, dass sie etwas falsch machen würden; wenn es tatsächlich schief ging, wurden sie meist nicht besonders freundlich auf ihren Fehler hingewiesen!

Kartoffeln und Rüben

Die Kartoffelernte begann Ende September, Anfang Oktober. In Isingen kamen damals schon die ersten Kartoffelroder zum Einsatz, die aber für die steinigen und lehmigen Böden nicht sonderlich geeignet waren. Die meisten Bauern bevorzugten weiterhin die Kartoffelernte mit der *Herdäpfelhaube*, einer herzförmig ausgebildeten, breiten Hacke. Wenn möglich, arbeiteten drei oder vier Personen in gleicher Front nebeneinander und »bedienten« je zwei bis drei Reihen Kartoffeln. Die verbliebenen, völlig verdorrten Kartoffelstauden wurden von Hand herausgerissen, daranhängende Kartoffeln abgeschüttelt und das Kartoffelkraut auf Haufen gesammelt, die vor der weiteren Bearbeitung des Ackers zusammengetragen und als Kartoffelfeuer angezündet wurden. Die Kunst war dann, mit der *Herdäpfelhaube* möglichst alle Kartoffeln des jeweiligen Stockes unversehrt aus der Erde zu holen, auf ein *Kartoffelruder* in der Mitte des gerodeten Teils des Ackers zu werfen und die entstandene Vertiefung wieder einzuebnen. Am Nachmittag begann das Einsammeln der herausgehackten und inzwischen, wenn das Wetter gut war, angetrockneten Kartoffeln. Am Boden kniend oder gebückt stehend wurde jede einzelne Kartoffel in

Kartoffelernte mit dem Kartoffelroder

Der *Stähle-Schneider* mit seinem Sohn Karl beim *Kartoffelnherausfahren* mit dem Pflug – einer weiteren Möglichkeit der Kartoffelernte.

Beim Aufladen der Kartoffelsäcke auf den Mistwagen

die Hand genommen, abgerieben und nach Größe in *Kartoffelschiede* (Weidenflechtkörbe) sortiert. War ein Korb voll, so leerte man ihn in einen bereitstehenden Rupfensack. Wer ungeschickt war und die Rückseite des Sackes nicht ordentlich über den Korb spannte, leerte auch schon einmal den größten Teil der Kartoffeln daneben und musste sie dann ein zweites Mal zusammenlesen. Vor dem Aufladen gegen Abend standen entlang der gerodeten Fläche die zugebundenen Kartoffelsäcke, gefüllt mit zum Teil großen, zum Teil kleinen Kartoffeln, gekennzeichnet durch ein eingebundenes Kartoffelkraut.

Nach der Lese: Kartoffelsäcke, so weit das Auge reicht

Vier Generationen Frauen bei der Kartoffellese; hier werden statt der oft üblichen Weidenkörbe Draht- und Kunststoffkörbe verwendet.

Meine Base Marianne Frommer (geborene Acker) mit ihrer Tochter Doris bei der Kartoffellese

Bei schönem Herbstwetter ließen sich die abgetrockneten Kartoffeln wunderbar säubern und das *In-die-Herdäpfel-gehen* war zwar eine immer noch harte, aber doch angenehme Arbeit. Es gab aber auch Kartoffelernten, in denen man tagelang im Regen, manchmal sogar im Schnee, zugange war, durchnässt wurde und beim Abreiben der Kartoffeln entsetzlich an den Fingern fror. Dann machte man sich aus einem großen Kartoffelsack, den man ineinander faltete, eine Regenhaube, die wenigstens Kopf und Rücken bedeckte und eine Zeit lang vor der Nässe schützte. Für die Abfuhr der Kartoffeln stand der Mistwagen bereit. Auf ihn wurden die schweren Säcke aufgeladen, oft von zwei Personen, wobei die eine den Sack am *Butzen,* die andere an den unteren Ecken, je eine Kartoffel im Inneren des Sackes als Griff benutzend, in die Hände nahm. Zu Hause angekommen mussten die Säcke in den Kartoffelkeller ge-

Kartoffelfeuer – das Kartoffelkraut wird an Ort und Stelle verbrannt.

Brachte man die Rüben samt Kraut nach Hause, so mussten dort die *Rübenpletschen* abgeschnitten werden – oft eine Arbeit für Kinder.

***In den Rüben* – Futterrübenernte**

tragen und dort auf zwei verschiedene Haufen ausgeleert werden: die kleinen und beim Hacken angeschlagenen und verletzten Kartoffeln für das Schweinefutter, die größeren und gesunden für die Bauern.

Die Futterrüben wurden erst im Anschluss an die Kartoffeln geerntet. Man zog sie einzeln von Hand aus dem Boden und schnitt mit einem Messer Kraut und Wurzel ab. Die Rüben wurden direkt in den bereitstehenden Wagenkasten geworfen, das noch grüne Kraut in *Grastüchern* gesammelt. Zu Hause lud man die Rüben einzeln ab und ließ sie durch ein kleines Fenster über eine Rutsche in den Vorratskeller kullern. Die *Pletschen,* also das Rübenkraut, wurden zusammen mit Stroh möglichst schnell an das Vieh verfüttert, da sie nur eine geringe Haltbarkeit hatten.

Obst

Allgemein war das Obst in Isingen – im Vergleich zu den Nachbargemeinden – für die Landwirtschaft von großer Bedeutung, sowohl was den Eigenbedarf als auch was den Verkauf betraf. Rings um das Dorf gab es Obstwiesen und Obstfelder, auf denen Apfel-, Birn- sowie Zwetschgen- und Sauerkirschbäume standen. Im Ort selbst hat es einen unter dem Einfluss von Lehrer Schmitz gegründeten Obstbauverein und einen Baumzüchter, einen Pomologen, gegeben. Einer meiner Vettern erinnert sich, dass er als Schüler der Landwirtschaftsschule in Balingen darauf hingewiesen worden sei, wie vorbildlich die Baumpflege, vor allem das Schneiden der Bäume, speziell in Isingen erfolge. Wie sehr auch die Gemeinde am Obstbau interessiert war, drückte sich darin aus, dass sie immer darum besorgt war, einen ausgebildeten Baumwart am Ort zu haben, übrigens für lange Jahre das Betätigungsfeld eines meiner Vettern. Das große Engagement der Gemeinde im Obstbau zeigte sich noch einmal deutlich, als zwei Jahrzehnte später früheres *Almetland* auf dem Heuberg oberhalb des Eschwalds zu einer noch heute existierenden modernen Tafelobstanlage umgestaltet und baumreihenweise an Isinger Bürger in Erbpacht vergeben wurde.

Bei den Äpfeln – Bonäpfel, Fleiner, Luiken, *Raitlinger*, Transparent, um nur die wichtigsten Sorten zu nennen – unterschied man nicht zwischen Tafel- und

Streuobst – die Äpfel werden mit dem Obsthaken vom Baum geschüttelt.

Die geschüttelten Äpfel werden als Mostobst in Säcke gefüllt.

Aufgelesene Äpfel in der *Obstschied*

Mostobst; bei der Ernte wurde nur wenig Obst gebrochen, der weitaus größte Teil geschüttelt und beim Auflesen die schönen, großen und unversehrt gebliebenen Äpfel aussortiert. Bei den Birnen gab es spezielle Mostbirnenbäume. Probierte man eine dieser Birnen, so zog sich einem der Mund zusammen; sie waren ungenießbar. Daneben gab es, so auch direkt hinter dem Haus meiner *Ahne*, riesige *Frau-Oberin*-Birnbäume (Junkersbirnen), Bäume mit Pastorenbirnen und mit *Schafsnasen* (Fässlesbirnen). Sie wurden von allen gern als Frischobst gegessen und auch zu *Hutzeln* verarbeitet. Vor allem in Ortsnähe standen viele Zwetschgenbäume, deren Früchte eingedünstet oder als Zwetschgenmus eingekocht, als Kuchenbelag auf der *Beete* verwendet oder auch als *Hutzeln* gedarrt wurden. *Ammelbeeren* (Sauerkirschen) gab es oben am *Schömberg;* ich denke, dass die Bäume dort in den kleinen Parzellen mehr oder weniger wild gewachsen waren.

Äpfel und Birnen wurden von den – erst heute so genannten – Streuobstwiesen auf dem Mistwagen nach Hause gefahren, das Mostobst in Rupfensäcken, das Tafelobst in *Schieden* (Körben). War die Ernte reichlich ausgefallen, so verkaufte man von beidem, wobei die Ansprüche der Käufer beim Tafelobst, vor allem bezüglich des Aussehens, wesentlich geringer waren als heute. Der Mosttag war immer ein besonderes Ereignis. Das Mostobst – ungefähr je zur Hälfte Äpfel und Birnen – wurde mit der Obstmühle gemahlen. Diese war mit einem großen Trichter aus Holz zum Einschütten des Obstes, einer Hakenwelle zum Zerkleinern und einem anschließenden Steinwalzenmahlwerk ausgestattet und wurde über das

Vorgelege angetrieben. Die Maische sammelte man in großen Holzzubern, versetzte sie mit Wasser, sodass sie davon bedeckt war. Die *Moste* meines Onkels bestand aus einem fest montierten, gusseisernen, oben emaillierten Bodenteil mit umlaufender Rille und Ablauf, in dessen Mitte eine Gewindespindel hochragte. Zwei halbkreisförmige Körbe mit enger Holzlattung konnten auf diese Grundplatte aufgesetzt und so miteinander verbunden werden, dass eine aufrecht stehende, an den Seitenflächen für Flüssigkeit durchlässige Tonne entstand, in die die Obstmaische eingefüllt wurde. Das Ganze deckte man mit einem kreisrunden hölzernen Deckel ab und drückte diesen mit einem langen Hebel und mit Hilfe der Gewindespindel und einer Art Mutter auf die Maische. Jetzt schoss der Apfelsaft aus allen Ritzen des Korbes, wurde in der Rille der Grundplatte aufgefangen und über den Ablauf in große hölzerne Zuber geleitet. Das war der große Moment für die immer anwesenden Kinder aus der ganzen Nachbarschaft: Nicht nur sie, sondern auch zufällig vorbeikommende Passanten, genossen und lobten den frisch gepressten Saft. In Eimern wurde der Saft in den Mostkeller transportiert und durch einen viereckigen Holztrichter in das 150 bis 300 Liter fassende Mostfass geleert, bis dieses ganz voll war. Manchmal hängte man noch ein Säckchen mit zerquetschten Schlehen während des Gärvorgangs in den Most, um ihm eine wunderschöne, goldgelbe Farbe zu verpassen. Hatte es wenig Obst gegeben, so wurde der Trester nach dem ersten Pressvorgang mit etwas Wasser noch einmal angesetzt und ein paar Tage später erneut ausgepresst. Dann war es meist erforderlich, mit etwas Zucker nachzuhelfen, damit der Gärprozess einsetzen und so immer noch Most in ausreichender Qualität gewonnen werden konnte. Der Trester selbst wurde im Stall verfüttert und auch unter das Schweinefutter gemischt.

Beim Mosten

Mist und Mistlache

Bei Regenwetter, vor allem aber im späten Herbst und im zeitigen Frühjahr, wurden Mist und Gülle gefahren. Der Mist, täglich aus dem Stall auf die *Miste* gebracht, hatte dort einen Gärungsprozess durchgemacht. Der Mistwagen wurde auf der Straße möglichst nahe an die Miste herangestellt und mit der vierzinkigen Mistgabel beladen. Der Lader stand dazu direkt auf der *Miste*; er füllte zunächst das Gestell des Mistwagens zwischen dem Bodenbrett und den zwei seitlichen Wangenbrettern. Dann baute er darauf die Oberladung auf, die zunächst breit angelegt war, nach oben aber pyramidenförmig spitz zulief. War der First erreicht, so wurde der Mist mit dem *Mistpatscher* von allen Seiten festgeklopft; zuletzt auch von oben, sodass der First abgeflacht war. Mit der Stirnseite des *Mistpatschers* wurde der Dung vorne und hinten auf dem Wagenbrett festgestopft. Mit dem so gesicherten Mist fuhr man auf den Acker oder die Wiese. Dort wurden mit dem Misthaken kleine Misthaufen seitlich vom Wagen gezogen, der eine vom nächsten etwa zehn Meter entfernt. Zurück an der *Miste* begann der Vorgang aufs Neue, bis das ganze Feld gleichmäßig mit Misthaufen versehen war.

Beim Aufladen an der *Feldmiste*, auf der überschüssiger Mist zeitweilig ausgelagert wurde

Jetzt ging man zum *Mistverwerfen* auf das Feld. Mit einer Gabel wurde der Mist gleichmäßig so verteilt, dass am Ende kein Unterschied mehr zu sehen war zwischen dem ursprünglichen Standort des Misthaufens und seiner Umgebung. Auf den Äckern wurde der so verteilte Mist einfach untergeackert. Auf den Wiesen musste im zeitigen Frühjahr das verbliebene Stroh zerschlagen oder zusammengerecht werden. Ersteres geschah mit der Rückseite der Gabel, Letzteres mit einem groben Holzrechen. In ganz schlechten Futterjahren, in denen es also sehr wenig Heu und Stroh gab, nahm man diese *Rechete* sogar mit nach Hause, um sie erneut zum Einstreuen zu verwenden.

Die *Mistlache* wurde in einer Grube unter dem Misthaufen gesammelt. Sie bestand einerseits aus dem *Viehseich* (Urin), der von der Stallgasse durch Ritzen in die *Seichrinne* und von dort direkt in die Grube lief, andererseits aus der Brühe, die nach Regen durch die durchlässige Grubenabdeckung aus nebeneinander liegenden Stangen vom darauf liegenden Mist dazukam. Am Rande der Grube war ein Schacht, in den der *Güllenpumper* eingesetzt werden konnte. Daneben wurde der zum *Mistlachenwagen* mit einem hölzernen Güllenfass umgebaute Mistwagen gestellt. Mit der meist noch von Hand zu bedienenden Güllenpumpe pumpte man die Gülle über einen *Holzkeaner* (eine Holzrinne) durch ein viereckiges Einlassloch am oberen Rand in das Güllenfass. Um 1950 gab es bereits auch in Isingen die ersten elektrisch betriebenen Jauchepumpen, die durch einen Schlauch die Gülle in das Fass hochpumpten. War das *Mistlachenfass* voll – es fasste etwa 600 bis 700 Liter –, so wurde das Füllloch mit einem mit Rupfen überzogenen Deckel versehen und dadurch abgedichtet, dass die Spannvorrichtung, die das Fass auf dem Wagen sicherte, gleichzeitig den Deckel fest andrückte. Der Auslauf am hinteren unteren Ende des Fasses war mit einem mechanischen Hahn verschlossen, unter dem waagrecht ein Blech angebracht war – das Ganze übrigens ein von der Firma Sülzle in Rosenfeld hergestelltes und von ihnen patentiertes Produkt. Auf dem Feld musste dieser Hahn geöffnet und gleichzeitig musste mit dem Fuhrwerk angefahren werden, damit sich die Gülle gleichmäßig verteilte. Die unter ihrem eigenen Druck auslaufende Gülle prallte auf dieses Blech und zerstob in weitem Bogen nach allen Seiten. Wehe dem, der sich beim Öffnen

Beim *Mistverwerfen* – im Hintergrund die Schwäbische Alb vom Lochen bis zum Plettenberg

des Hahns ungeschickt verhielt; er bekam unter Umständen eine volle Ladung ab! Neigte sich die Gülle im Fass dem Ende zu, so wurde dieses *geheldet,* indem eine vorn auf dem Wagen stehende Person das Fass anhob, bis auch der letzte Tropfen ausgelaufen war.

Das *Pferchen* spielte in Isingen für die Düngung der Felder nur eine untergeordnete Rolle. Wegen der intensiven Nutzung der ganzen Gemarkung durch die Landwirtschaft war es wohl erst durch Auflagen während des Krieges zu einer einheimischen Schafhaltung gekommen, die aber um 1950 schon wieder am Abflauen war. Ein Bauer, der *pferchte,* musste dafür einen Obolus bezahlen und mit seinem Fuhrwerk den Pferch, bestehend aus langen Holzgattern, vom bisherigen Standort abholen und, zusammen mit dem angehängten zweirädrigen Schäferkarren, auf den eigenen Acker fahren und dort wieder aufstellen. Nach jeder Nacht, die die Schafe im Pferch verbracht hatten, wurde dieser umgesetzt, bis der ganze Acker gedüngt war.

Mistlachenfuhre in der Isinger *Gass*

Dreschen

Wenn nicht ein akuter Mangel beispielsweise an Futtergerste entstanden war, begann das Dreschen gegen Ende des Jahres. Üblicherweise wurde ein Breitdrescher, der meist mehreren Bauern zusammen gehörte, in der Scheuer aufgestellt. Weil der zeitliche Aufwand dafür ungewöhnlich groß war, hat man meist mehrere Tage hintereinander gedroschen. Über eine Rutsche musste der auf der Maschine stehende Drescher mit zwischenzeitlich geöffneten – also vom *Garbenseile* befreiten – Garben versorgt werden, die er in handlichen Mengen, um die Maschine nicht zu überfordern, breitseits (daher der Name Breitdrescher) eingab. Auf dem *Barn* war mindestens eine weitere Person beschäftigt, die die Garben zum *Obertenloch* schleppte, aufband und auf die Maschine rutschen ließ. Je nach Getreideart konnten in die Maschine verschiedene Siebe eingesetzt werden, um Unkrautsamen und Getreide zu trennen. Über ein Gebläse wurde das *Kloanets* (hauptsächlich Spreu) seitlich herausgeblasen, während an der Vorderseite, wie aus einem Riesenmaul, über auf- und abgehende Förderhebel das leergedroschene Stroh ausgestoßen wurde. Drei weitere Personen waren ständig damit beschäftigt, unter den Getreideausgängen die vollen Säcke wegzustellen und leere anzuhängen, das Stroh, erneut mit den *Garbenseilen,* zu Bündeln zusammenzuschnüren und die *Futterschied* (einen großen Korb) mit dem *Kloanets* zu leeren. Das Dreschen war für alle Beteiligten eine anstrengende und immer genau auf die Erfordernisse der Maschine abzustimmende, vor allem aber äußerst staubige Angelegenheit. Nicht nur, dass man schon von Ferne den ohrenbetäubenden Krach hörte, den die Dreschmaschine machte, man sah auch die Staubwolke, die aus der Scheuer kam. Und mittendrin arbeiteten die Dreschenden, schwitzend, vom Staub verklebt, überall am Körper juckte es, besonders wenn es um Gerste ging, deren Grannen überall hängen blieben. Während des ganzen Dreschtages wurde das Getreide in den Fruchtsäcken mit durchschnittlich einem Zentner Gewicht durch den Wohnteil des Hauses hochgeschleppt und zum Nachtrocknen in die Fruchtschrannen auf der *Hausbühne* geschüttet. Diese waren mit Gitterrah-

In der Scheune steht der Breitdrescher – der große Strohhaufen zeugt von getaner Arbeit!

men abgedeckt, damit die wegen der allgegenwärtigen Mäuse an sich durchaus geschätzten Katzen die Getreideschütten nicht als »stilles Örtchen« missbrauchten. Je nach Trocknungsgrad schaufelte man das Getreide in den Schrannen im Lauf der nächsten Wochen noch mehrere Male um, damit kein Gärungsprozess in Gang kam, bevor es zur Mühle gebracht oder bei der Genossenschaft abgeliefert wurde. Auch die Strohbüschel mussten in der Regel noch am gleichen Tag auf der *Strohbühne* der Scheuer verstaut werden, meist mit Hilfe des Aufzugs durch das *Obertenloch*. Das *Kloanets* wurde unter gemahlene Futterrüben oder unter kurz geschnittenes Heu oder Öhmd gemischt und an das Vieh verfüttert, im Einzelfall die Spreu auch einmal zur Neufüllung eines Spreusacks verwendet, der zu dieser Zeit als Vorläufer der Matratze in bäuerlichen Betten, vor allem in Kinderbetten, durchaus noch üblich war. Wegen des Staubs, der alles mit einer dicken Schicht bedeckte, folgte auf das Dreschen unvermeidbar ein (meist vorweihnachtlicher) Großputz im Wohn- und im landwirtschaftlichen Teil des Gebäudes, aber auch an den Fenstern, Läden, Türen und Toren der Außenfronten.

Ein *Ehne* beim Holzhacken

Holz machen

Die meisten Bauern in Isingen hatten ein eigenes kleines Waldstück. Wer keines hatte, arbeitete im Gemeindewald bei Holzfällarbeiten mit und bekam seine Arbeit in Naturalien vergütet. In den Wintermonaten machte jeder Bauer so viel Holz, wie er das Jahr über als Brennstoff benötigte. In der Regel ging es um Tannen- oder Fichtenholz, in seltenen Fällen auch einmal um Laubholz, dabei meist um einen Apfel- oder Birnbaum, der *drausgegangen,* also abgestorben war. Die Arbeit im Wald geschah mit Äxten, Beilen und *Halbrundzugsägen,* die von zwei

Personen hin- und hergezogen werden mussten. Ein zu fällender Baum wurde von der Seite her, auf die er fallen sollte, mit der Axt so angeschlagen, dass eine Art Kerbe entstand, von der anderen Seite her mit der Zugsäge durchgetrennt. Die Kunst bei diesem Vorgehen bestand darin, eine vorhandene natürliche Neigung des Baumes so zu nutzen, dass die Schnittebene der Säge nicht unter Druck geriet, weil sonst die Säge klemmte und nicht mehr bewegt werden konnte. Unter Umständen wurde, wenn der Stamm sehr dick war, mit einem Keil nachgeholfen. Den gefällten Baum entastete man mit der Axt, befreite die dicken Äste mit dem Beil vom Reisig und zerteilte den Stamm mit der Zugsäge in Meterstücke. Sobald die Witterung es zuließ, wurde das Holz auf den Holzschlitten, der übrigens auch als Mistschlitten benutzt wurde, geladen und über den hart getretenen und gefahrenen Schnee auf Feldwegen und über die Straße nach Hause gebracht; ebenso das Reisig und die dicken Äste, die als *Bengeleholz* getrocknet und zum Brotbacken dort verwendet wurden, wo noch kein elektrischer Backofen zur Verfügung stand.

Das Tannen- und Fichtenreis hackte man am Spaltklotz auf gleiche Größe zusammen und bündelte es mit Hilfe einer Schnur, manchmal auch noch mit einem besonders biegsamen, dafür geeigneten Reiszweig (siehe Bild Seite 102). Getrocknet waren diese *Büschele* ein hervorragendes Anfeuerholz für Herd und Ofen. Das Rundholz wurde mit der Bügelsäge auf dem Sägbock in etwa 25 Zentimeter lange *Rugele* zersägt, manchmal auch mit einer Kreissäge, die mit einem langen Riemen an das vom Elektromotor angetriebene Vorgelege angehängt war.

Kunstvoll aufgeschichtete *Holzbeigen*

Das Holzspalten war meist eine Sache der älteren Generation; Tag für Tag sah man die Großväter am Spaltklotz stehen, bis schließlich das ganze Holz gespalten war. Das gespaltene Holz *beigte* man *auf*, häufig eine Arbeit für die Kinder. In *Holzkrätten* (Holzkörben) wurde das Holz vom Spaltklotz weg zur *Holzbeige* getragen und dort aufgeschichtet, entweder in mehreren Lagen unter einem vorstehenden Dach der Hauswand entlang oder im Freien in Form eines sich nach oben verengenden Konus, bei dem nur der Rand geschichtet werden musste, während ins Innere das Holz einfach hineingeworfen wurde. Eine *Holzbeige* richtig zu schichten war gar nicht so einfach, und mehr als einmal habe ich erlebt, dass sie über kurz oder lang einfiel und die Arbeit von vorne begonnen werden musste.

Brennholz wurde im Winter auf dem Mistschlitten angefahren.

Auch den Baumstumpf ließ man nicht im Wald zurück. Er wurde teilweise freigelegt, das heißt der Waldboden um ihn herum abgetragen, dann die Wurzeln mit der Axt abgehauen und der ganze Wurzelstock schließlich herausgehoben. Das weitere Verarbeiten des Wurzelstocks war eine besonders diffizile Arbeit. Insbesondere das Spalten machte große Schwierigkeiten, weil im Wurzelstock keine eindeutige Richtung vorgegeben war, in der das Holz zersprang. Das Wurzelholz galt aber als besonders wertvoll; man schrieb ihm einen höheren Brennwert zu als normalem Stammholz. Mir ist in Erinnerung, dass vom *Stockholz* gesagt wurde, es gäbe drei Mal warm: einmal beim Ausstocken, einmal beim Kleinmachen und einmal beim Verfeuern.

In seltenen Fällen, meist nur für Bauholz, wurde eine schön gewachsene Tanne als Langholz aus dem Wald gezogen. Den Stamm *räppelte* man, das heißt man befreite ihn mit dem *Räppeleisen* von seiner Rinde. Um ihn rundum sauber zu machen, musste er mit einem eigens dafür vorgesehenen Drehhaken gewendet werden. Die Rinde sammelte man selbstverständlich ein und brachte sie als Heizmaterial nach Hause. Um den Stamm aus dem Wald bis zum nächsten Feldweg zu transportieren, legte man um sein unteres Ende eine Kette so, dass sie durch die Zugspannung den Stamm festhielt. An sie wurde ein Pferd angespannt, das zum Holzrücken immer am Kopf geführt wurde und langsam und vorsichtig den Stamm aus dem Wald zog. Dem Geschick, der Vorsicht und dem Weitblick des Pferdeführers war es zu verdanken, wenn dies ohne Schwierigkeiten ablief; sobald der Stamm zwischen noch stehenden Bäumen eingeklemmt war, gegen einen größeren Stein stieß oder in die falsche Richtung zu rutschen drohte, war Hilfe von Menschenhand mit Äxten oder Stangen (als Hebelarme) erforderlich.

Eine ganz besondere Arbeit war das Aufladen des Stammes auf den Langholzwagen, der aus dem Vorder- und Hintergestell des Mistwagens bestand, die beide erst durch das Langholz miteinander verbunden wurden. Den Stamm legte man parallel zum Wagen, nach Möglichkeit so, dass der Wagen tiefer stand, als der Stamm lag. Über Hölzer, die eine mehr oder weniger steile schiefe Ebene bildeten, musste der Stamm dann auf den Wagen gehievt werden. Dazu waren mindestens zwei, besser noch drei Männer erforderlich, denn das Hochdrehen und Hochziehen konnte nur einseitig, also vorne oder hinten, erfolgen, und jeder gewonnene Zentimeter musste gleich mit Hilfe eines Keils abgesichert werden, um ein Zurückrutschen des Stammes zu verhindern.

Ein Langholzfuhrwerk war – je nach Dicke – mit drei bis fünf Stämmen voll beladen. Vorder- und Hinterwagen wurden durch Ketten mit den Baumstämmen so verbunden, dass diese als *Landwieg* fungierten. Der am weitesten nach hinten herausragende Stamm bekam eine rote Warnfahne. Vor das schwere und schwerfällige Gefährt wurden zwei Rosse gespannt. Ging es steiler bergab, war der Druck auf die herkömmliche Bremse zu groß und es wurde ein Hinterrad mit einer Kette gesperrt. Die erwünschte große Bremswirkung entstand dadurch, dass sich das gesperrte Rad nicht mehr drehen konnte und auf dem Boden schliff. Das Langholz wurde, wahrscheinlich wegen der Mühen beim Auf- und Abladen, nicht irgendwo zu Hause zwischengelagert, sondern direkt in die Sägemühle im Rosenfelder Tal gefahren.

Stall

Die Arbeit im Stall begann früh morgens und endete am späteren Abend. Sie fiel jahraus, jahrein jeden Tag an, wurde zwar routinemäßig, aber sehr sorgfältig erledigt, hing doch das »Stallglück« wesentlich von der Arbeit in den drei Stunden ab, die man durchschnittlich täglich im Stall verbrachte.

Im Stall meines Onkels standen vier Kühe, ebenso viel Jungvieh verschiedenen Alters und das Pferd, ein Fuchs. Morgens räumte man zunächst die Futterkrippen aus, man beseitigte also Futterreste und eventuelle Fremdkörper. Dann wurde das Futter von der Scheuer aus, in der es gelagert war, durch den Futterladen *schiedweise einegegeben,* wobei das Pferdefutter vom Viehfutter getrennt und auch im Sommer eher trocken war. Während das Vieh fraß, wurden die Boxen ausgemistet und der Mist im Stallgang an der Wand gesammelt. Nicht verschmutzte Streu – in der Regel Stroh – blieb in der Box zurück. Den im Stallgang liegenden Mist schaufelte man in eine einrädrige Schubkarre aus Holz, die auf die *Miste* entleert wurde. Man fuhr dabei über einen *Flecken* (also über

Eine Bäuerin beim Mistaufladen vor dem Stall – man beachte die Hühnerleiter.

Auf dem *Bärnle* im hinteren Teil der Scheuer wurde das Kurzfutter geschnitten.

ein dickes Brett) auf den Misthaufen. Der *Flecken* wurde immer wieder verlegt, sodass die ganze Miste gleichmäßig bedient werden konnte. In der Regel hieß dies also, dass es mit Anlauf bergauf ging. Verfehlte das eiserne Speichenrad der Mistkarre den *Flecken* nicht, so wurde sie am Ende des *Fleckens* umgestürzt, ausgeleeert und zurückgefahren.

Inzwischen hatte man ein zweites Mal *einegegeben* und die Stallgasse mit dem Stallbesen, einem selbst gefertigten Weidenbesen gesäubert. Jetzt rückten die Frauen an, mit einem Melkkopftuch, dem Melkeimer und einem Melkschemel bewaffnet. Den Kühen wurde der Schwanz an einem Bein angebunden, damit sie nicht herumwedeln und das Melkgeschäft stören konnten. Den vierbeinigen Melkschemel platzierte die Melkerin so unter oder neben der Kuh, dass sie das Euter leicht erreichen und die Milch in den Eimer melken konnte, den sie zwischen den Knien festhielt. Das Euter wurde mit der Hand gereinigt, dann der Kopf gegen die Flanke des Tieres gestützt und die Kuh gemolken. Dabei kam dem so genannten *Ausmelken* am Schluss eine besondere Bedeutung zu, da – so meine ich, dass man mir erklärt habe – nur eine sorgfältig *ausgemolkene* Kuh beim nächsten Melken genügend Milch erwarten ließ, ein zu heftiges *Ausmelken* aber zu Entzündungen führen konnte. Wenn möglich, wurden nie mehr als zwei Kühe von einer Person gemolken, schon aus zeitlichen Gründen, aber auch wegen der damit verbundenen besonderen Anstrengung der Hände. Melkmaschinen waren damals durchaus schon bekannt; in Isingen war aber noch keine in Betrieb. Die Milch wurde noch im Stall durch ein Sieb mit Tucheinsatz gefiltert und gereinigt, später dann in eine große Aluminiumkanne umgefüllt und zur Milchsammelstelle, der *Molke* im Rathaus, getragen. War ein Milchkälbchen unter dem Jungvieh, so bekam es seinen Anteil an Muttermilch zugeteilt. Auch die Hauskatze, die pünktlich zur Melkzeit im Stall erschien, bekam in einem Schüsselchen ihren Teil ab; übrigens das Einzige, was

Eine Bäuerin schneidet Grünfutter (Klee) für ihre Schweine.

Ein Kleinbauer hat mit seinem Karren frisches Futter geholt.

sie an Fressen serviert bekam. Manche Kinder ließen sich direkt in eine mitgebrachte Tasse melken und tranken die kuhwarme Milch mit Genuss – schon die Vorstellung allein ließ mich schaudern!

Da mein Onkel – im Gegensatz zu anderen größeren Bauern – noch keine Selbsttränke im Stall hatte, wurde das Vieh nach dem zweiten *Einegeben* losgebunden und marschierte frei zum Brunnentrog auf dem Hof, in den man inzwischen hatte Wasser einlaufen lassen. In der Regel trotteten die Tiere nach dem Saufen, bei dem sie in Reih und Glied nebeneinander vor dem Brunnentrog standen, brav in ihre Boxen zurück und wurden dort wieder angebunden. Weil aber manchmal eines der Tiere versuchte, eigene Wege zu gehen, überwachten ein oder zwei Perso-

Vier gestandene Männer brauchte es manchmal zum Klauenschneiden.

nen, oft Kinder, ausgerüstet mit einer billigen *Stallgeisel* das Tränken. Und die Aufregung war jedes Mal groß, wenn es meist einem der Jungtiere gelang, dochauszureißen. Das Pferd wurde am Halfter zum Brunnentrog geführt; es hatte auch den Vortritt vor dem Vieh. Während des *Tränkens* schüttelte man die noch vorhandene oder gegebenenfalls ergänzte Streu auf und verteilte sie gleichmäßig in den Boxen. Dann erhielten die Tiere ein letztes Mal eine *Schied* Kurzfutter; das Pferd, weil es gleich zur Arbeit musste, zusätzlich ein paar Hand voll *Haber* (Hafer).

Während der ganzen Vegetationsperiode ging es nach dem Frühstück *ins Futter*. Dazu wurde der Fuchs vor den kleinen Kastenwagen gespannt, die notwendigen Geräte aufgeladen und, die Beteiligten auf einem Querbrett am vorderen Wagenende sitzend, eine Wiese oder ein Kleeacker angefahren. Falls vorhanden, sprang das *Fülle* (Fohlen) nebenher, den Ausflug und seine Freiheit genießend. Das Grünfutter wurde mit der Sense gemäht, zusammengerecht und mit der Gabel auf den Wagen geladen. Das Pferd bekam das *Biss* aus dem Maul genommen und Gras zum Fressen vorgelegt, sodass es in der Regel schon gar nicht erst versuchte durchzubrennen. Zu Hause angekommen, fuhr man den Wagen mit dem Gras in die Scheuer und lud ihn vor der Futterschneidmaschine ab. Noch vor dem Morgenvesper wurde es, zusammen mit Stroh vom *Barn*, kurz geschnitten, mit Viehsalz bestreut und in der Scheuer so weit ausgebreitet, dass es nicht warm wurde – also kein Gärprozess eintrat.

Mein Onkel verfütterte im Gegensatz zu anderen Bauern nie langes Futter. Während des Winterhalbjahres bestand das Kurzfutter aus Heu beziehungsweise Öhmd und Stroh, wobei, je nach Vorratslage, der Strohanteil kleiner oder größer war. Ergänzt wurde die Winterfütterung durch Futterrüben, die in der Rübenmühle – noch von Hand gekurbelt – geschnetzelt und, nach dem Dreschen, mit *Kloanets* vermischt wurden.

Das Pferd bekam in der Mittagspause ein weiteres Mal zu fressen. Im Stall, wo die Kühe im Stroh liegend mit Wiederkäuen beschäftigt waren, wurde nur der Mist aus den Boxen entfernt und an der Stallwand deponiert. Abends wiederholte sich die ganze Zeremonie vom Morgen: Füttern, Ausmisten, Tränken, Melken – wieder anderthalb Stunden Stallarbeit!

Zusätzlich mussten morgens und abends die Schweine gefüttert werden. Sie erhielten ihr Saufutter in den Fresstrog geschüttet: gekochte Kartoffeln und Futterrüben, Abfälle aus der Küche, saure Milch oder Buttermilch, wenn vorhanden. Die paarweise in einem *Saustaig* (Koben) zusammenlebenden Tiere waren so verfressen, dass man, um das Futter überhaupt in den Trog schütten zu können, eine *Lade* so umlegen musste, dass die Schweine währenddessen keinen Zugang zum Trog hatten. Auch die Hühner, natürlich frei laufend im Hühnergarten, bekamen morgens und abends ihre Ration: meist Gerste- und Haferkörner, die schon als Mischfrucht angebaut worden waren. Aus den Nestern im Hühnerstall wurden die frisch gelegten Eier entnommen – manchmal musste man auch andernorts nach den Eiern suchen, wenn ein Huhn *verlegt* hatte.

Jeden Morgen wurde das Pferd gestriegelt und gebürstet, damit sein Fell schön glänzte. Jeden Abend mussten seine Hufe ausgekratzt werden, um der so gefürchteten Huffäule keinen Vorschub zu leisten. Sonntags wusch man vor dem Kirchgang dem Pferd die Hufe und schnitt sie, soweit nötig, aus; nach der Kirche wurden sie mit Huffett behandelt. Auch die Kühe und das Jungvieh wurden, allerdings nicht so regelmäßig wie das Pferd, gestriegelt und gebürstet, und mein Onkel setzte wohl auch seinen Ehrgeiz darein, sauberes Vieh über den Hof zur Tränke zu schicken. Hin und wieder mussten auch beim Vieh die Klauen geschnitten werden, damit die Kühe nicht fußkrank wurden.

Tierzucht

Die Viehzucht war das Herzstück der bäuerlichen Tätigkeit. Den größten Teil der Jahresarbeitszeit verbrachten die Bauern im Stall. Dort verfütterten sie einen großen Teil dessen, was sie auf ihren Äckern und Wiesen angebaut hatten. Der Verkauf der Milch, auch von Eiern, erbrachte das für das tägliche Leben notwendige Kleingeld, der Verkauf eines Stücks Vieh oder eines Schweins das Geld für größere Anschaffungen.

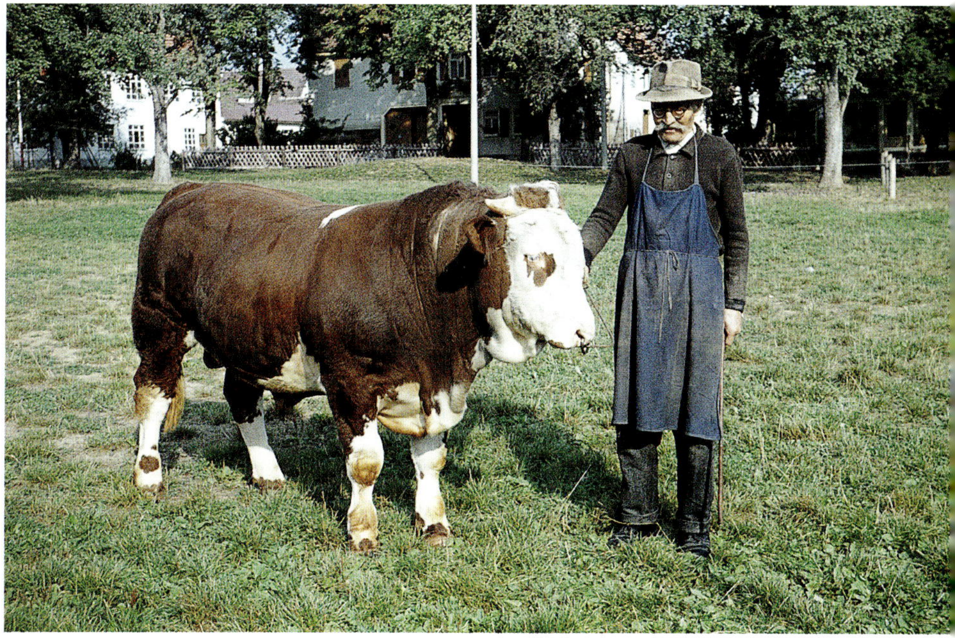

Der Schäfer Irion mit einem Zuchtbullen auf dem *Wöhrd* in Rosenfeld

Viehzüchter bei einer »Privatkür« am Sonntagmorgen

Mein Onkel war Mitglied des Fleckviehverbandes; seine Kühe waren weiß mit braunen Flecken. Von jeder Kuh wurde jedes Jahr ein Kälbchen erwartet. Eine *rindrige* Kuh wurde am Halfter zum *Hagenstall* im Rathaus geführt. Die Gemeinde hielt dort drei *Hagen,* also Stiere vor, die von einem Farrenwärter betreut wurden. Die heute übliche künstliche Besamung war damals noch nicht bekannt. Hatte die Kuh aufgenommen, so brachte sie nach neun bis zehn Monaten ein Kalb zur Welt. Nachdem die Kuh vor der Geburt einige Zeit »trocken gestanden« hatte, gab sie nachher wieder reichlich Milch. In der Regel durfte das Kalb nach kurzer Zeit nicht mehr direkt am Euter der Kuh saugen, sondern es erhielt die Milch im Eimer zugemessen. Handelte es sich um ein *Hagenkälble,* so wurde es noch als *Saugkälble* im Alter von sechs bis acht Wochen an den Metzger, der regelmäßig in den Ort kam, verkauft.

Mein Onkel hat sich in dieser Zeit auch erfolgreich in der Farrenzucht versucht, einem Geschäft mit hohem Risiko. Ein *Hägele* wurde im Stall leicht bösartig; marktfähig war es erst nach anderthalb Jahren, und diese ganze Zeit über musste man es mit besonders kräftigem Futter versorgen. Überdies hing die Chance, es am Ende wirklich als Zuchtbullen zu verkaufen, von vielen Unwägbarkeiten ab. Allerdings: Wer sich einmal als Farrenzüchter einen Namen gemacht hatte, der konnte durchaus damit rechnen, auch bei der nächsten Versteigerung Glück zu haben; blieb es aus, so musste der *Hagen* an den Metzger verkauft werden – ein Verlustgeschäft! *Kuhkälbchen* wurden vom Bauern mit besonderer Freude begrüßt. In der Regel zog man sie sorgfältig auf, und sie blieben zwei Jahre im Stall, bis sie, möglichst schon als trächtige Kalbin, auf dem Viehmarkt in Rottweil verkauft werden konnten. Nur in seltenen Fällen kam ein weibliches Jungrind zum Metzger; die Nachzucht im Stall erfolgte, von sozusagen genetisch bedingten Ausnahmen abgesehen, ebenfalls aus eigenen Beständen. Von diesen Aufzuchtregeln wurde nur dann abgewichen, wenn die Futtersituation es erforderte. Im Stall war Platz für vier Kühe und fünf bis sechs Stück Jungvieh. In einem guten Jahr, wenn es also viel Heu und Öhmd sowie genügend Futterstroh gegeben hatte, konnte der Stall voll besetzt bleiben; war aber absehbar, dass das Futter knapp würde oder gar vor der neuen Vegetationsperiode ausgehen könnte, so musste Jungvieh zusätzlich verkauft werden. An das Zukaufen von Futter dachte damals in Isingen niemand, und das, obwohl die Metzgerpreise mit steigendem Angebot sanken, denn die Futterknappheit betraf ja alle Bauern.

Auch die Pferdezucht spielte um 1950 in Isingen noch eine bestimmte Rolle. Pferde waren damals die wichtigsten Zugtiere, nicht nur in der Landwirtschaft. Auf den regionalen *Fülles-* und Pferdemärkten, beispielsweise in Rosenfeld, herrschte ein reger Umsatz. Die Stuten wurden als Zugtiere und gleichzeitig als Zuchttiere genutzt. Eine *rossige* Stute führte man dem in Leidringen zeitweilig stationierten Hengst des Württembergischen Landesgestüts zu. Bei der Arbeit musste auf die Trächtigkeit der Stute wenig Rücksicht genommen werden; die Fohlen kamen im zeitigen Frühjahr, also bevor die harte Zugarbeit begann, zur Welt. Fohlen durften, im Gegensatz zu den Kälbchen, direkt an der Stute saugen. Sie erhielten auch einen Auslauf, ein eingezäuntes Stück Wiese, den *Füllesgarten,* in der Nähe des Bauernhauses, wo sie weiden und herumtollen konnten. Die Kälbchen dagegen blieben immer in ihrer Box im Stall, solange sie klein waren allerdings nicht angekettet, sondern freilaufend hinter einer Absperrung. Hengstfohlen waren weit weniger angesehen als Stutenfohlen. Sie mussten in der Regel kastriert werden, was immer mit einem bestimmten Risiko behaftet war. Auf dem *Füllesmarkt* – meist als Saugfohlen, spätestens als *Jährlinge* wurden die jungen Pferde verkauft – brachte ein weibliches Fohlen, das ja wieder zur Zucht verwendet werden konnte, mehr ein als ein männliches, das nur für den Zug zu gebrauchen war.

Die Schweinezucht war sowohl für den eigenen Fleischbedarf als auch für Bareinnahmen durch den Verkauf an den Metzger von existenzieller Bedeutung. Eine Muttersau warf bis zu zwölf Junge, und man schätzte sich glücklich, wenn sie nicht die Neigung hatte, die frisch Geborenen zu töten und zu fressen sowie beim Hinlegen vorsichtig war und kein *Säule* erdrückte. Die jungen *Säule* blieben bis zur Entwöhnung bei der Mutter, hatten aber einen Auslauf, den die Alte nicht passieren konnte, in einen zweiten *Sausteig* mit einem niedrigen Trog, wo sie sich an das normale *Saufressen* gewöhnen konnten. Von den *Milchsäule* behielt man zwei Paare für den eigenen Bedarf zurück – gleichgültig ob Männchen oder Weibchen; die *Barge* waren inzwischen *verschnitten*, das heißt kastriert worden, und zwar von einem dafür eigens ausgebildeten Bauern. Der Rest des Wurfs wurde ebenfalls paarweise auf dem *Säulesmarkt* in Rosenfeld verkauft.

Schweine gelten als verfressen. Dass sie zu zweien in engen *Buchten* aufgezogen wurden, hing einerseits damit zusammen, dass sie *futterneidig* waren, das heißt, das eine versuchte dem anderen möglichst viel wegzufressen; zum anderen damit, dass wenig Bewegung möglich war und so schnell etwas *an sie hinwuchs*. Wie sehr die *Sauen* es genossen hätten, mehr Bewegungsfreiheit zu haben, konnte man beobachten, wenn man sie während des wöchentlichen Mistens ihrer Ställe im Hühnergarten herumtoben sah. Für den Eigenbedarf – aber auch für den Verkauf an den Metzger – legte man damals Wert auf fette *Sauen*. Je mehr sie sich im Lebendgewicht auf die Drei-Zentner-Marke zubewegten, desto eher galten sie als schlachtreif. In der Regel wurden zwei Schweine, das eine im Spätherbst, das andere im zeitigen Frühjahr, für den Eigenbedarf geschlachtet, die anderen zwei an den Metzger gegeben, sofern man das Glück hatte, alle vier großzuziehen. Es kam durchaus vor, dass eines der Tiere krank wurde, notgeschlachtet werden musste oder gar verendete. Allein die Muttersau überlebte längere Zeit. Aber selbst bei ihr achtete man darauf, dass sie so rechtzeitig geschlachtet wurde, dass ihr Fleisch noch gegessen und verarbeitet werden konnte.

Auch in der Hühnerhaltung setzte man auf eigene Nachzucht. Einem dafür geeigneten Huhn, *Brutere* genannt, wurden in einem Nest Eier untergelegt, die es ausbrütete, indem es über drei Wochen praktisch seinen Platz nicht verließ. Stolz marschierte dann nach dem Schlüpfen die Glucke mit den Küken im Gefolge auf den Hühnerhof. Um die *Biebele* gegen Katzen, Füchse oder Raubvögel zu schützen, sperrte man sie in einen niedrigen, ein paar Quadratmeter großen, oben geschlossenen Drahtkäfig, in den sie auch ihr Futter gestreut bekamen, das so für die restlichen Hühner nicht zugänglich war (siehe Bild Seite 45). Die schnell heranwachsenden Küken gaben nach und nach durch die Form ihres Kammes ihr Geschlecht zu erkennen. Interessant für die weitere Aufzucht waren nur die weiblichen Tiere. Die Göckele schlachtete man, so bald etwas an ihnen *dran* war, verschenkte oder verkaufte auch einmal eines. Wollte man einen Junghahn heranziehen, um den alten Hahn zu ersetzen, so führte das oft zu den sprichwörtlichen Hahnenkämpfen, und, um Schaden zu vermeiden, zur räumlichen Trennung der beiden. Die Hühner wurden freilaufend in einem eingezäunten Hühnerhof gehalten, in dem sie auch Wasser erhielten und zweimal am Tag mit Gerste oder Mischfrucht gefüttert wurden. Nach Abschluss der Getreideernte öffnete man den Hühnerhof und das Federvieh pickte in den angrenzenden Feldern nach allem Möglichen. Die Hennen waren der Bäuerin einzeln bekannt. Sie wurden von ihr im Auge behalten und meist erst nach mehreren Jahren, wenn sie keine oder nur noch wenige Eier legten, ausgeschieden. Dann wurden sie geschlachtet und kamen als meist recht zähe Suppenhühner auf den Tisch. Die Nacht verbrachten alle Hühner auf ihren Stangen im Stall, dessen Eingangsklappe spätestens mit Einbruch der Dunkelheit geschlossen wurde. Eine Nachlässigkeit dabei konnte schlimme Folgen haben. Ein Fuchs oder ein Marder könnte sich einschleichen, wobei Letzterer beinahe noch gefährlicher war: Er saugte einem Huhn nach dem anderen das Blut aus und ließ die Kadaver liegen – ein fürchterlicher Anblick am nächsten Morgen!

Im Frühjahr und Sommer fand die Bäuerin reichlich Eier in den Nestern, im Herbst ließ die Produktion nach, um im Winter gänzlich zum Erliegen zu kommen. Während der Legeperiode wurden Eier in Eimern mit Wasserglas eingelegt, um auch im Winter »frische« Eier für den Haushalt zur Verfügung zu haben; auch wurden Eier direkt verkauft oder über die Sammelstelle der Genossenschaft im Milchhäusle dem Markt zugeführt. Nicht zuletzt waren sie ein beliebtes Geschenk. Die schönen Pappschachteln, die wir für das Verpacken der Eier heute kennen, gab es damals noch nicht. Sie wurden in einem Korb, dem *Eierkrättle,* transportiert, lagen darin direkt aufeinander und waren natürlich extrem bruchgefährdet. Wurden sie verschickt – damals per Express mit der Bahn – so wurden sie einzeln in Zeitungspapier verpackt und in Spreu eingebettet, bevor man den Korb mit einem Stück Rupfen zunähte. Von meiner Ahne wird erzählt, dass sie die Kunst des Eierverpackens so gut beherrscht habe, das nie ein einziges Ei auf dem Transport beschädigt worden sei. Selbstverständlich wusste man auch bei der Bahn und beim Spediteur, wie man mit einer Sendung mit der Aufschrift »Vorsicht Eier« umgehen musste.

Ein Gespann mit Mistwagen und Sämaschine

Fuhrpark

Der Fuhrpark des durchschnittlichen Bauern war um 1950 noch ganz traditionell ausgestattet. Es gab damals in Isingen keine Traktoren; der normale *Zug* waren Pferde oder Kühe. Mein Onkel verfügte über drei Wagen: das *Graswägele,* den Mistwagen und den großen Leiterwagen. Das »Chassis« – wenn man davon überhaupt sprechen kann – war bei allen drei Typen dasselbe: Es gab einen eisenbereiften Vorder- und Hinterwagen. Die Räder des Vorderwagens hatten einen etwas kleineren Durchmesser als die des Hinterwagens mit seiner starren Achse, denn der Vorderwagen war als Drehgestell ausgebildet, damit das Fahrzeug lenkbar wurde. Durch den dafür notwendigen zweiten Querbalken, den *Schemel,* wurde die durch die verschiedene Radgröße verursachte Höhendifferenz ausgeglichen, sodass das Wagenbrett wieder waagerecht lag. Vorder- und Hinterwagen waren durch die *Landwieg,* ein je nach Wagengröße verschieden langes Rundholz, miteinander verbunden. Am Vorderwagen waren die Deichsel zum *Ansetzen* der Zugtiere und die *Micke* angebracht, eine Gewindekurbel, mit der hölzerne Bremsklötze mit Hilfe eines Kettenzugs auf die Eisenreifen gedrückt werden konnten, um so durch Reibung eine Bremswirkung zu erzielen. Der Mistwagen war verhältnismäßig kurz, hatte als Aufbau auf beiden Seiten des Wagenbretts je einen Rundbalken und vier leicht nach außen geneigte Holme, an die die Mistbretter angelegt werden konnten. Sollte der Mistwagen für das Jauchefahren verwendet werden, so wurde das Wagenbrett entfernt und das hölzerne, nach hinten sich verjüngende *Güllefass* auf Jochen zwischen den Rundbalken gelagert und dort mit Hilfe einer Kette

Zugkühe im Wartestand zwischen zwei Fuhren

und eines *Spannbengels* festgezurrt. Der Leiterwagen war länger als der Mistwagen. An Stelle der Längsbalken traten die Wagenleitern, die vorne und hinten oben durch je ein Joch zusammengehalten und seitlich an allen vier Radachsen durch die *Leisinge,* lange Holzholme, die von der Achse bis zum oberen Rand der Leitern reichten, abgestützt wurden. In der Mitte der linken Leiter waren einzelne Stäbe ausgelassen und durch bewegliche Seile ersetzt. Das ergab die Möglichkeit, sich bei leerem Wagen von dieser Seite her auf das Wagenbrett zu setzen und mitzufahren. Da das Wagenbrett länger war als der Wagenkorpus, konnte man sich auch auf das am Wagenende überstehende Stück, die so genannte *Schlettere,* setzen, und das auch bei vollem Wagen. Der Fuhrmann lehnte sich entweder auf dem Deichselansatz stehend von außen an das vordere Joch oder vorne im Wagen stehend an die linke Leiter. Das *Graswägele,* im Gesamtaufbau ähnlich, aber leichter als der Leiterwagen, war kürzer als dieser und ringsum als Kastenwagen geschlossen, sodass man das Gras einfach hineinwerfen konnte. Dort gab es vorne ein Querbrett, auf dem bis zu drei Personen beim Grasholen Platz fanden. Dieser Wagenpark war um- und ausbaubar. In Vorbereitung auf die Ernte wurde aus dem Mistwagen ein Leiterwagen, sodass für das Einfahren des Getreides zwei große Wagen zur Verfügung standen. Zur Ausstattung der Leiterwagen gehörte eine Spannkette, mit der beim Beladen mit Garben die Wagenleitern in der Mitte so zusammengebunden werden konnten, dass auch bei voller Beladung des Wagens keine Ausbauchung entstand, also keine Gefahr war, dass einer der *Leiternbäume* brechen könnte. Für die beiden Stirnseiten der Wagen gab es Gatter, die es gestatteten, sie bis zu vier *Glecke* (Lagen) hoch mit Garben zu beladen. Außerdem gehörten zum Erntewagen der *Bisboom* (Wiesbaum) und die Spannseile. An der Wurzel der Deichsel war die *Waage* eingehängt, an deren *Waagscheite* die Zugtiere angespannt wurden. Richtete man den Wagen her, um Getreide einzuholen, so stellte man beide Gatter schräg an das rückwärtige Joch und band den Wiesbaum mit den Spannseilen entlang der Wagenleiter an deren oberem Leiterbaum fest.

Jeder Bauer verfügte über eine Balkenmähmaschine mit gusseisernen Rädern. Der Mähbalken wurde für die Fahrt zur Wiese hochgeklappt und zum Mähen heruntergelassen. Manche Mähmaschinen waren als Getreideableger umzubauen. Sie wurden mit einem zweiten Sitz über dem rechten Rad für den »Ableger« und einer Ablage, einem Blech hinter dem Messerbalken, ausgestattet. Auf der Ablage konnte sich das gemähte Getreide sammeln und von Zeit zu Zeit vom »Ableger« mit Hilfe eines speziellen Rechens als *Heckle* vom Blech geschoben werden. In Isingen gab es zwei Bauern, die echte Ableger, also extra Mähmaschinen für das Getreide hatten, die sahen bei der Arbeit wie Windmühlen aus, wenn sich die Rechen auf ihrer Bahn drehten. Auf den zur Gemarkung gehörenden Höfen gab es wohl auch den einen oder anderen Bindemäher, für den ein *Dreierzug* – also drei Pferde nebeneinander – erforderlich war. Mähdrescher kannte man zu dieser Zeit überhaupt noch nicht.

Für die Bodenbearbeitung war der Einscharpflug üblich, ein Eisenpflug mit einem Vorderwagen und zwei verschieden großen Rädern, sodass der Wagen wieder waagerecht stand, wenn das eine Rad in der Furche, das andere auf dem noch ungepflügten Land lief. Am Wagen wurde die Pflügtiefe durch Umstecken eines Querträgers eingestellt. Am Pflug selbst konnte vor der Pflugschar ein *Sech* (eine Art Schneideisen) angebracht werden, das vorhandenes Unkraut zerschnitt und die Pflugschar vor Beschädigungen durch größere Steine bewahrte. Der Pflug musste bei den Isinger Bodenverhältnissen von zwei Zugtieren gezogen werden, von denen eines in der Furche, das andere daneben auf dem noch nicht gepflügten Acker ging. Manche Bauern arbeiteten mit dem Wendepflug, der im Bauprinzip dem Einscharpflug entsprach, aber zwei Pflugscharen übereinander trug, die so angeordnet waren, dass bei Drehung der Pflugscharen um ihre Symmetrieachse am Ende des Ackers auch beim Pflügen in der Gegenrichtung dieselbe Furche wieder befahren werden konnte. Für die Kartoffeln wurde ein Häufelpflug benötigt, also ein Pflug, der zwei nebeneinander angeordnete Pflugscharen in beide Richtungen besaß. Diese waren verstellbar; der Vorderwagen bestand aus nur einem Rad. Zwei- oder Mehrscharpflüge gab es damals in Isingen nicht.

Die für die Zerkleinerung der Erdschollen benötigte Stahlegge bestand aus zwei oder drei nebeneinander

Beim Eggen auf dem *Elmet*

Auf dem Heimweg vom Kartoffelacker

angeordneten Teilen. Zum Andrücken des Saatgutes im Frühjahr brauchte man eine glatte oder eine geriefte Walze (*Ringelwalze*) aus Stahl; zum Glätten der Wiesen benutzte man die umgedrehte *Egde,* deren Zähne also nach oben zeigten. Auch eine Sämaschine besaßen die meisten größeren Bauern. Sie konnte über einen Lenkbügel von dem hinter der Maschine gehenden Fuhrmann genau gesteuert werden. Der Abstand der Saatreihen war regulierbar, indem die einzelnen Säscharen verstellt und einer oder mehrere dazugegeben oder weggenommen werden konnten.

Ich kann mich nicht erinnern, dass zu dieser Zeit noch mit der *Chaise* (Kutsche) Besuche im Nachbardorf gemacht worden wären, aber im *Schopf* des einen oder anderen Bauern hat sie noch gestanden. Ein wunderbarer Spielplatz für die Kinder! Anders der so genannte *Rennschlitten,* also das der *Chaise* entsprechende Gefährt für den Winter. An ihn wurde öfter einmal angespannt, dem Pferd das *Geschell* umgehängt, Wärmflaschen und Wärmsteine unter die Zudecken geschoben, und los ging's, wahrscheinlich vor allem, um die Pferde zu bewegen, sicher aber auch wegen der Lust an der Schönheit und Unberührtheit der schneebedeckten Landschaft. Allerdings: Nur so durch die Gegend zu fahren, das konnte und wollte man sich nicht leisten; so stand immer ein Besuch bei Verwandten auf dem Programm. Schließlich gehörte zur Fahrnis auch noch der Holz- oder Mistschlitten, eine starre Konstruktion mit Deichsel, ansonsten den heute noch bekannten hölzernen Rodelschlitten der Kinder nicht unähnlich. Enge Kurven konnten mit ihm nicht gefahren werden. Als Bremse hatte er zwei Eisendorne, an jeder Kufe einen, die mit einer Kurbel, ähnlich der *Micke,* aus- und eingefahren werden konnten. Beim Mistfahren mit dem Schlitten auf hart gefrorenem, verschneitem Boden sank dieser nicht ein, und es erfolgte keine unerwünschte Verdichtung der Ackerkrume.

Kleinarbeiten

Das ganze Jahr über wurde von den Bauern in den nicht so strengen Zeiten der Feldarbeit eine heute kaum mehr vorstellbare Flut von Kleinarbeiten erledigt. Je nachdem konnten dafür auch die Ausge-

Während des Mähens musste die Sense öfters mit dem Wetzstein nachgeschärft werden.

Ein Bauer schärft ein frisch geschliffenes Mähmaschinenmesser mit dem Wetzstein nach.

ding-Generation oder Kinder und Jugendliche herangezogen werden, letztere oft, um sie anzulernen. Was waren nun solche Kleinarbeiten? Da es kaum möglich ist, sie in eine logische Ordnung zu bringen, führe ich sie einfach nacheinander auf, so wie sie mir einfallen.

Die Sensen, hauptsächlich für den Grasschnitt, aber auch für die beim Getreide notwendigen Mäharbeiten, mussten von Zeit zu Zeit gedengelt werden. Dies geschah auf dem so genannten *Dengelstock,* einem massiven Steinblock unter dem Vordach, auf den man sich setzen konnte. Vor sich hatte man einen schmalen Amboss, der so in den Stein eingelassen war, dass er nicht federte. Der Dengler hielt das Sensenblatt in der einen, den speziellen Dengelhammer in der anderen Hand. Das Sensenblatt wurde so über den Amboss geführt, dass die Schnittkante gehämmert und damit scharf gemacht werden konnte. Mir liegt der helle Klang des Dengelns, der meist nach Feierabend aus dem einen oder anderen Hof kam, noch deutlich in den Ohren. Die Sensenblätter waren vom vielen Dengeln oft schon recht schmal geworden, aber seine Lieblingssense wollte jeder Schnitter so lange wie irgend möglich weiterverwenden. Nach dem Dengeln bekam jede Sense noch einen Feinschliff mit dem Wetzstein. Dieser wurde auch verwendet, um die Sense während des Mähens nachzuschleifen. Dazu trug der Mäher am Gürtel ein mit Wasser gefülltes Gefäß mit sich, meist ein für diesen Zweck hergerichtetes Kuhhorn, in dem der Wetzstein feucht gehalten wurde. Auch der singende Ton, der beim Wetzen entstand, ist fest in meiner Erinnerung verankert.

Andere Werkzeuge, insbesondere die Messer für die Balkenmäher, mussten geschliffen werden. Dafür stand ein Schleifstein mit einem guten halben Meter Durchmesser zur Verfügung, gelagert in einem Eisengestell mit einer Wasserwanne, um den Stein zu netzen, angetrieben per Handkurbel oder auch mit einem langen Riemen über das Vorgelege des meist einzigen Elektromotors in der Scheuer. Das Schleifen der unhandlich langen Messer für die Balkenmäher war schon eine Kunst für sich. Die einzelnen Klingen in Form eines gleichseitigen Dreiecks wurden nacheinander zuerst von links nach rechts, dann von rechts nach links geschliffen. Dabei war bei jeder einzelnen Klinge darauf zu achten, dass nicht gleichzeitig die nächstliegende beschädigt wurde. Natürlich nutzte man den Schleifstein darüber hinaus zum

Schärfen aller möglichen Werkzeuge, angefangen vom Küchenmesser, über Beil und Axt, bis hin zum *Räppeleisen,* das man zum Entrinden der Baumstämme benötigte. Auch wenn bei irgendwelchen Reparaturen ein Ersatzteil, meist ein sorgfältig aufbewahrtes Überbleibsel ausrangierter Geräte oder Werkzeuge, nicht so richtig passen wollte, wurde es am Schleifstein zurecht geschliffen.

Wenn irgend möglich führte man kleine Reparaturen an Geräten und Werkzeugen selbst durch. Dies galt vornehmlich für alles, was aus Holz war. So wurden vor der Erntezeit die Holzrechen auf ihre Stabilität überprüft und fehlende Schrauben oder vor allem Zähne ersetzt. Die Ersatzzähne dafür waren vorrätig, man stellte sie meist im Winter im *Werkstättle* selbst her. Die Stiele für Hacken, Äxte, Pickel wurden vorgefertigt gekauft, aber selbst eingepasst. Eine spezielle Aufgabe war es auch, lose Werkzeuge an den Stielen wieder richtig zu verkeilen. War der Stiel zu sehr *ausgelottert,* so wurde er etwas gekürzt und dann neu eingepasst und verkeilt. Mit großer Sorgfalt reparierte man die Leitern. Meist ging es darum, gebrochene Sprossen zu ersetzen. Hier wurde bei der Auswahl des dafür benötigten Holzes besonders auf Qualität geachtet, um der Gefahr eines Unfalls vorzubeugen. Die kleinen Reparaturen bezogen sich aber auch auf Haus und Hof: Da mussten abgetretene oder gar durchgebrochene *Stallflecken* (Bohlen) ersetzt, Viehstände umgebaut oder repariert, das Scheunentor wieder gängig gemacht oder die Führung des Futterladens erneuert werden. Im nur einfach mit Biberschwänzen gedeckten Dach wurden Schindeln nachgesteckt, weil die alten verrottet waren, Schindeln, die man selbst im Verlauf des Winters zugeschnitten oder vom Schindelmacher bezogen hatte. Immer wieder war der Staketenzaun des Hausgartens zu flicken; auch die Umzäunung des Hühnergartens, meist eine Maschendrahtkonstruktion, war in Ordnung zu halten, genauso wie der Holzrahmen der Miste oder die Einfriedung des Fohlengartens.

Einer besonderen Pflege bedurfte der Wagenpark. Jeweils vor der Ernte, meist im Zusammenhang mit dem Umbau des Mist- zu einem Leiterwagen, wurden alle durch Verschleiß gefährdeten Teile überprüft und kaputte ersetzt. Vor allem mussten die sich drehenden oder aufeinander reibenden Eisenteile geschmiert werden. Dies geschah mit *Wagenschmiere,* einem von der Konsistenz her eher zähen, von der Farbe her dunklen Fett. Von dem Abrieb der Eisenteile wurde es tiefschwarz; hatte man es an die Hände gebracht, so bekam man sie mit den damaligen Waschmöglichkeiten erst nach längerer Zeit wieder sauber, und ein ordentliches Kleidungsstück war für immer verdorben, wenn es irgendwo *Karsalb* (Karrensalbe) abbekommen hatte. Um die Räder zu schmieren, wurde der *Lund* (Splint), der die Bundscheibe gegen das Rad drückte, herausgenommen und das Rad selbst bis ans Ende der Achse herausgezogen, sodass es gerade eben noch auf der Achse festsaß. Dann wurde die Wagenschmiere mit Hilfe eines Holzes auf die jetzt nahezu vollständig frei liegende Achse aufgetragen und das Rad vorsichtig zurückgeschoben. Dieses Vorgehen fand ich als Kind immer recht aufregend. Irgendwann, so dachte ich, könnte das Rad zu weit herausgezogen werden, und dann

Das *Büschelemachen*, also Reisig zum Anfeuern zu bündeln, gehörte auch zu den Kleinarbeiten und war oft Frauenarbeit.

sah ich schon den ganzen Wagen umkippen. Das ist aber tatsächlich nie passiert. Stellte sich heraus, dass wichtige Teile des Wagens zu ersetzen waren, die *Landwieg* beinahe durchgescheuert oder der hölzerne Kranz eines Rades brüchig war, wurde der zuständige Handwerker, also der Wagner oder Schmied, herangezogen. Die Reparatur aber wurde letzten Endes immer unter Mitwirkung des Bauern erledigt. Die Regel, »sich selbst nicht zu übernehmen«, galt natürlich auch für die vorher genannten Reparaturen in Haus und Hof. Dabei kam es immer zunächst zu einem Gespräch zwischen »Sachverständigen«, was nun zu tun wirklich erforderlich sei. Angeknackste oder gar gebrochene Holme an den Wagenleitern wurden vom Bauern ausgebaut und durch selbst hergestellte neue ersetzt, lose Eisenbeschläge befestigt, brüchig gewordene Seile, in denen die *Wellen* gelagert waren, ausgetauscht, verloren gegangene *Wellnägel* nachgeschnitzt und festgebunden, die Heugatter auf ihre Stabilität überprüft und wo notwendig erneuert.

Auch die in der Landwirtschaft benötigten Besen wurden von den Bauern selbst gebunden: die Weidenbesen für den Stall, die *Reisbesen* für Scheuer und *Barn* und die Birkenbesen für Hof und Straße. Mein Onkel hatte am *Grundbächle* auf der angrenzenden Wiese eine oder mehrere Kopfweiden stehen, die er regelmäßig schnitt. Um die Weiden geschmeidig zu machen, legte man sie für längere Zeit in Wasser, manchmal sogar in Jauche ein. Im Winter wurden sie dann, in der Länge zueinander passend, zusammengelegt, zugeschnitten und mit einer besonders ausgesuchten Rute zusammengebunden. Von den Weidenbesen waren in jedem Hof ein paar vorrätig, um unbrauchbar gewordene zu ersetzen. Den nach unten spitz zulaufenden Besenstiel verwendete man immer wieder. Er wurde dadurch in den Besen eingetrieben, dass man diesen mittig auf das spitz zulaufende Ende aufsetzte und das andere Stielende auf den Boden aufschlug. Dieses Hineintreiben des Stiels in den gebundenen Schaft des Besens ergab eine dauerhaft feste Verbindung zwischen beiden. Das Birkenreis wurde im Frühjahr, bei aufsteigendem Saft und bevor die Blätter herauskamen, geschnitten. Im Gegensatz zu den Weiden mussten hier die einzelnen Äste vor dem Binden zugerichtet werden, sodass ein wie gewünscht geformter Besen entstand, der mit einer Weidenrute gebunden wurde. Auch bei den Birkenbesen gab es Vorräte für das ganze Jahr, ebenso bei den *Reisbesen*. Weil diese möglichst lange nicht nadeln sollten, ging man um Martini (11. November) in den Wald, um das Reisig von Weißtannen zu holen, und achtete dabei auch noch auf die richtige Mondphase. Und tatsächlich: Diese Besen blieben, richtig gelagert, ein ganzes Jahr frisch. Der *Reisbesen* hatte eine besondere Form: Er war eher breit, von der Seite her gesehen beinahe kreisrund. Damit konnte man beim Kehren eine breite Bahn reinigen. Auch für den *Reisbesen* wurden zum Binden die einzelnen Äste zugeschnitten und so aufeinander gelegt, dass die gewünschte Form entstand. Das Binden selbst geschah wie oben beschrieben. Um die Berichtszeit tauchten die ersten Industriebesen in Isingen auf, Breitbesen mit senkrecht stehenden Naturborsten und schräg angesetztem Stiel, die in der Folge mit Kunststoffborsten die selbst hergestellten Besen immer mehr verdrängten.

Die Körbe, egal ob *Holz-* oder *Futterschiede,* wurden nicht selbst hergestellt, sondern von fahrenden Korbmachern oder auf dem Markt in Rosenfeld gekauft. Weil sie aber dauernd für alle möglichen Transporte gebraucht wurden – sei es für Kartoffeln, Rüben, Kraut, Obst, Reisig, Holz oder was auch immer – waren sie einem starken Verschleiß unterworfen. Sie drohten, abgebrochene Henkel zu bekommen, am Rand auseinander zu gehen oder den Boden zu verlieren. Deshalb nahm man sich in der ruhigen Winterszeit einen Korb nach dem anderen vor und besserte die schadhaften Stellen mit Weidenruten aus. Ein so geflickter Korb verlor zwar in der Regel etwas von seiner ursprünglichen Schönheit und Regelmäßigkeit. Er war aber wieder voll einsatzfähig, und man brauchte nicht mehr um das transportierte Gut zu fürchten. Auch die *Rupfensäcke,* das zweite wichtige bäuerliche Transportbehältnis, wurden im Winter gepflegt, allerdings eher von den Frauen. Sie wurden gewaschen und, was oft notwendig war, mit neuen Bändeln zum Zubinden versehen. Außerdem wurden die Löcher geflickt. Mehr Sorgfalt widmete man den dicht gewobenen Korn- und Mehlsäcken, die zum Teil über Generationen weitergegeben wurden. Sie waren häufig mit den Namen von Vorfahren bedruckt und trugen eine Jahreszahl, die über ihr Alter Auskunft gab. Hundert Jahre waren da keine Seltenheit! Waren sie von einer Maus angenagt worden, so musste auf die Stelle ein *Plätz,* also ein Flicken aus dem gleichen Material sehr sorgsam und mit engen Stichen aufgenäht werden, sodass der Mehlsack auch weiterhin dicht war. Ich erinnere mich nicht, dass dafür die Nähmaschine verwendet worden wäre, obwohl sie, natürlich mit Tretantrieb, zu dieser Zeit bereits in jedem Haushalt vorhanden war. Schließlich war es notwendig, die *Garbenseile* zu überprüfen. Insbesondere mussten gebrochene oder verloren gegangene Querhölzer ersetzt und die Knoten am Ende neu geknüpft werden. Gerissene oder während der Erntezeit geflickte *Garbenseile* wurden ausgesondert, die Seile in Bündeln zu fünfzig Stück zusammengebunden, eventuell nach Farben sortiert. Bei der Ernte war die Zahl der verbrauchten Garbenseile ein erstes Maß für die zu erwartende Quantität an Getreide. Durch die Bündelung war das Nachzählen während der Erntearbeit eine recht einfache und wenig zeitaufwändige Sache.

Auch das wertvolle Geschirr der Zugtiere musste laufend kontrolliert, gepflegt und ausgebessert werden. Die Lederteile des Kummet wurden mit Lederfett eingerieben, das *Biss* (die Trense aus Eisen) wurde blank geputzt, die *Leitseile* – Flachriemen, mit denen das Zugtier vom Wagen aus gelenkt werden konnte – wurden, wenn erforderlich nachgenäht, die Zugseile, die vom Kummet zum *Wagscheit* führten, ersetzt, wenn sie abgescheuert, rissig oder brüchig waren. Für die Polsterung des Kummet, die, an das jeweilige Zugtier angepasst, beim Tier schmerzhafte Druckstellen verhinderte, war der Sattler zuständig, ebenso für schwierigere Reparaturen an der Lederausrüstung. Ein Kummet war ein wertvolles Stück, das über Pferdegenerationen hinweg seinen Dienst tat; es in Ordnung zu halten, zu pflegen, immer wieder in neuem Glanz erstrahlen zu lassen, war der ganze Stolz eines *Rossbauern*. Die Peitsche bekam immer wieder einen neuen *Zwick* (Endfaden) angesetzt, der liebe- und kunstvoll mit der eigentlichen Peitschenschnur verknotet wurde, denn der *Zwick* zerfranste bei jedem Peitschenknall mehr und nutzte sich so schnell ab. Die Pferde wurden übrigens selten mit der Peitsche geschlagen, höchstens einmal ein bisschen *gefitzt*. Die Peitsche war hauptsächlich Drohung in der Hand des Fuhrmanns; der Peitschenknall für die Pferde und die Umwelt ein nicht überhörbares Signal des flotten Fuhrwerks.

Eine ganz besondere Sache war im Herbst das Herrichten der *Mostfässer*. Sie wurden aus dem Keller gehievt, im Hof neben dem Brunnen senkrecht aufgestellt, die oberen Fassreifen gelockert, der Fassdeckel herausgenommen, sodass sie gründlich gereinigt werden konnten. Dies geschah durch Abbürsten der Wände und des Bodens mit einer Wurzelbürste und heißem Wasser. Das Verschließen des gereinigten Fasses war eine heikle Angelegenheit, insbesondere dann, wenn es sich um ein älteres

Vor einem Leidringer *Lädele* wird ein Mostfass geputzt.

oder längere Zeit nicht mehr gebrauchtes handelte. Dann wurde dafür der Küfer herangezogen, der Reif auf Reif langsam festzog, indem er immer und immer wieder um das Fass herumging und mit einem speziellen Hammer durch leichte Schläge den Fassreif etwas tiefer drückte. War ein Fass *verlechert,* also so ausgetrocknet, dass es nicht mehr dicht war, so musste es mit Wasser gefüllt werden, bis das aufquellende Holz der Fassdauben auch die letzten Lücken geschlossen hatte und das Fass dicht war. Dann kam es in den *Mostkeller* zurück, wurde dort sorgfältig liegend gelagert, mit brennenden Schwefelkarten, die man durch das Spundloch in das Fass hängte, desinfiziert und schließlich mit Apfel- und Birnensaft gefüllt.

Das Leben in der Familie

Meine Beobachtungen über das Leben in einer Isinger Familie um 1950 erfolgten im Wesentlichen innerhalb meiner Verwandtschaft väterlicherseits, die immerhin Einblicke in sechs verschiedene Häuser gestattete, im Besonderen im Haus meiner *Ahne* (Großmutter), die mit meinem Onkel und meiner Tante und deren Töchtern in einem gemeinsamen, drei Generationen umfassenden Haushalt lebte. Diese Beschreibung dürfte ohne wesentliche Abstriche auf das Leben der Isinger Familien passen, da sie fast alle mehr oder weniger große Landwirtschaften betrieben und alle in ähnlicher Weise fest in das Dorf und die dörflichen Gepflogenheiten fest eingebunden waren.

In der Stube

Wohnen

Im traditionellen Isinger Bauernhaus waren Wohn- und Wirtschaftsteil unter einem Dach, nur voneinander getrennt durch einen gemauerten Brandgiebel, der im Ernstfall verhindern sollte, dass die Flammen von einer Seite auf die andere übergriffen. Alle Bauernhäuser glichen einander in der Grundkonzeption, waren manchmal etwas größer, manchmal etwas kleiner und verfügten hie und da über einen Anbau, wenn der Platz für eine Großfamilie zu eng geworden war. Die kleineren waren nur anderthalbstöckig; das Dach des Wirtschaftsteils wurde so weit angehoben, dass das *Schieradoor* (Scheunentor) darunter Platz hatte. Durch die Haustüre kam man direkt in die Küche, dahinter war die Stube, die Kammern lagen mit schrägen Wänden im Obergeschoss. Dieser Gebäudetyp wurde von Kleinstbauern oder Nebenerwerbslandwirten bewohnt. Bei der nachfolgenden, genaueren Beschreibung beschränke ich mich auf das »normale« Isinger Bauernhaus, da ich kaum einmal in einer Kleinbauernwohnung war und deshalb auch nicht genügend gut über sie Bescheid weiß.

Den Wohnteil betrat man ebenerdig durch die Haustüre und kam in die breite, mit Sandsteinplatten belegte *Hausöhre* (den Hausgang), die dem Brandgiebel entlang bis zur Rückwand des Hauses führte. Auf der dem Brandgiebel abgewandten Seite der *Hausöhre* befanden sich zwei oder drei Räume, die als *Werkstättle* (mit einer Werkbank und allem möglichen Werkzeug), als Geräteraum (für Gabeln, Hacken, Rechen, Sensen), als Waschküche, als Hühnerstall oder auch als Wohnraum für die Ausgeding-Generation dienten. Im Brandgiebel war eine Tür in den angrenzenden Stall, sodass man, ohne das Haus zu verlassen, in dessen Wirtschaftsteil kommen konnte. Etwa von der Mitte der *Hausöhre* aus führte eine steile Holztreppe nach oben auf die so genannte *Laube,* also den Gang im ersten Stock. Ging man auf der *Laube* entlang der Treppe zurück, so kam man direkt auf die Stubentür zu; rechts neben ihr, an der Längsseite der *Laube,* war der Eingang zur Küche und daran anschließend der Zugang zu ein oder zwei Kammern. An der Rückwand der *Laube,* der Stubentür gegenüber, befand sich der *Abtritt* (das Klo). Kam man die Treppe herauf, so war auf der rechten Seite die Tür zur hinteren Kammer.

Die Wände der Stube waren holzgetäfert und hatten sowohl an der Trauf- als auch an der Giebelseite mehrere kleine Fenster, die aus zwei Flügeln mit jeweils sechs Feldern und einem Oberlicht bestanden.

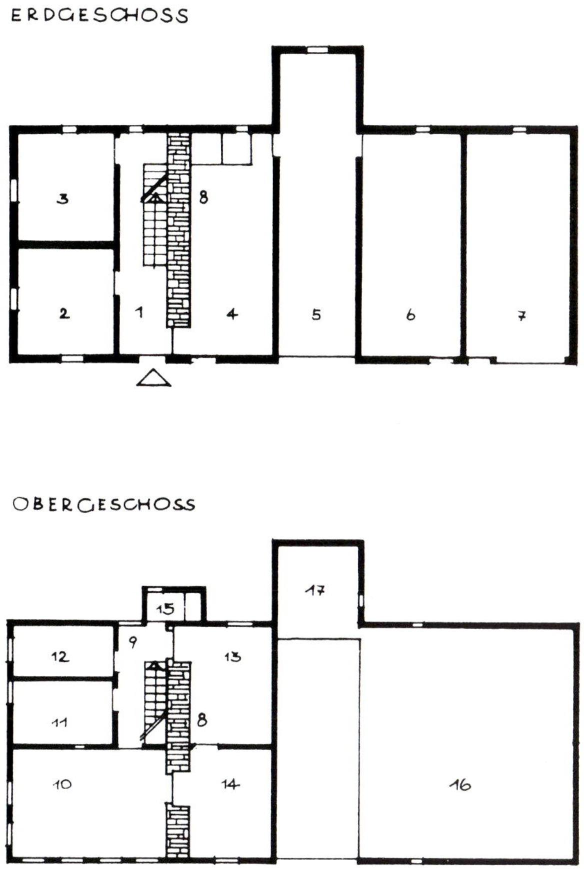

1 Hausöhre
2 Werkstättle
3 Waschküche
4 Oberer Stall
5 Scheuer
6 Unterer Stall
7 Schopf
8 Scheidgiebel

9 Laube
10 Stube
11 Küche
12 Kämmerle
13 Hintere Kammer
14 Kammer
15 Häusle
16 Heustall
17 Bärnle

Bauernhaus meiner Großeltern
(aus: Max Frommer, Vom Leben auf dem Lande: Isingen 1910, Seite 16)

Auf dem Ofenbänkle ist es angenehm warm.

In der Fensterecke befand sich eine Eckbank, davor der Esstisch. An der Wand zur Küche stand ein mit Halbreliefs verzierter gusseiserner Ofen aus Wasseralfingen, der beinahe bis zur Decke reichte, von der Küche aus beheizt wurde und den eine schmale Ofenbank umschloss. Daneben gab es eine Durchreiche zur Küche, das *Kucheládele*. Bei meiner *Ahne* aß man damals – im Gegensatz zu anderen Bauernhäusern, in denen man sich zum Essen an den *Kuchetisch* setzte – immer in der Stube, und die Schüsseln kamen, voll oder leer, durch das *Kucheládele*. An der Wand neben der Tür hing eine Zimmeruhr mit Pendel, die von meinem Onkel jeden Sonntag vor dem Mittagessen feierlich aufgezogen wurde und deren Schlagwerk alle halbe Stunde die Uhrzeit verkündete. Unter der Uhr war noch immer ein Uhrenkasten, in den die Gewichte der Vorgängeruhr hinein gelaufen waren, der jetzt aber als Stock- und Schirmständer benutzt wurde. An der Wand zur vorderen Kammer stand das *Stubenkästle* mit dem Geschirr, den Gläsern und dem Besteck, außerdem ein Sofa, dessen Schutzdecke nur an Sonn- und Feiertagen abgenommen wurde. In der vorderen Ecke gab es einen zweiten Tisch, der in der Regel als Ablage diente, an dem aber auch Schulkinder ihre Hausaufgaben erledigten oder die Flickschneiderin bei ihrer Arbeit saß. Schließlich befand sich daneben noch der Nähmaschinentisch, unter dessen hölzerner Haube sich die mechanisch über einen Tretantrieb und einen Riemen angetriebene Nähmaschine, der ganze Stolz der Hausfrau, verbarg.

Alle Kammern hatten getünchte und gewalzte Wände und sie waren nicht beheizbar. Die vordere

Ein Bauernschrank – Statussymbol der Aussteuer

Kammer, mit einem oder zwei Fenstern an der Traufseite des Hauses, war üblicherweise das Elternschlafzimmer, ausgestattet mit zwei nebeneinander stehenden Einzelbetten, einer großen Kommode und dem Aussteuerschrank, den die Frau mit in die Ehe eingebracht hatte. An der Kopfseite der Betten hing an der Wand ein großes farbiges Bild, nach meiner Erinnerung einen Schutzengel darstellend, der ein Kind auf gefährlichem Pfad sicher geleitete. Um 1950 wurde bei meinem Onkel diese Kammer noch von der Altbäuerin, meiner *Ahne,* bewohnt. Er selbst hatte mit meiner Tante ein Schlafzimmer in einem Anbau, der schon zu Zeiten meines Großvaters für seine große Familie als *Zwerchhaus* (Querhaus) errichtet worden war. Zurück zur »Normalwohnung«: Die hintere Kammer wurde als Kinderschlafzimmer genutzt, mit zwei bis drei Betten, dem einen oder anderen Schrank und einem Fenster an der hinteren Traufseite des Hauses. Die kleinere Kammer neben der Küche an der Giebelseite diente, ausgestattet mit Regalen und *Kästen* (Schränken) meist der Vorratshaltung, die größere war für den Knecht oder die Magd vorgesehen, wurde zur Berichtszeit meist als Kinderzimmer, aber auch als Gästezimmer genutzt.

Der *Abtritt* (Abort) war in einer Art Erker untergebracht. Der Klositz bestand aus einer Holzkiste mit einem runden Loch in der Mitte, das mit einem Holzdeckel verschlossen werden konnte. Das Fallrohr mit quadratischem Querschnitt aus vier Brettern schloss direkt an das Loch an und führte senkrecht nach unten in die Abortgrube. Ein Nachspülen mit Wasser war also nicht erforderlich. Dem Klositz gegenüber hing an der Wand ein Sinnspruch, an den ich mich noch heute genau erinnern kann, weil ich ihn so oft gelesen habe: »Die Zeit enteilt, schlägt Wunden und heilt.« Als Klopapier wurden aufgeschnittene Zeitungen verwendet, die dazu verleiteten, während der »Sitzungen« darin zu lesen, häufig verbunden mit dem Ärger, dass die Schnittstelle es nicht erlaubte, den interessierenden Ausgang eines Artikels mitzubekommen. Und noch etwas hat mich tief beeindruckt: Bei lange anhaltendem, starkem Frost gefror die Abortgrube und im Fallrohr kam der *Mann* hoch, sodass man zu guter Letzt den Abtritt nicht mehr benutzen konnte und zur Verrichtung der Notdurft in den Stall gehen musste.

Essen

Bedingt durch die Stallarbeit, die vor dem Frühstück erledigt werden musste, standen die Erwachsenen sehr früh auf, im Sommer zwischen fünf und sechs Uhr, im Winter etwa eine Stunde später. Die Kinder durften bis halb sieben oder sieben Uhr im Bett bleiben, hatten aber, wenn sie etwas älter waren, dafür zu sorgen, dass die jüngeren aufstanden und sich richtig anzogen. Unter Umständen hatten sie auch schon kleinere Aufgaben zu erledigen, wie die Hühner aus dem Stall zu lassen und ihnen Futter zu streuen. Neben ihrer sonstigen Arbeit, dem Melken der Kühe oder dem Füttern der Schweine, bereitete die Hausfrau das Frühstück vor. Zwischen sieben und halb acht Uhr kam mein Onkel hoch in die Stube, das Signal für alle, sich um den Frühstückstisch zu versammeln. Nach einem kurzen Gebet, gesprochen von der *Ahne,* wurde der Milchkaffee in Tassen eingeschenkt; mein Onkel hatte eine besonders große mit der Aufschrift »Die Tasse war Dir stets zu klein, wird diese jetzt wohl richtig sein?«. Das Brot, in dicken *Rinken* (Scheiben) mit einem großen Messer von meiner *Ahne* vom Laib geschnitten, legte man vor sich auf den blanken Holztisch und bestrich es mit *Gsälz* (selbst gekochter Marmelade) oder man schnitt es in Streifen, um es in den Kaffee *einzutunken* (zu stippen). Gesprochen wurde nur wenig; mein Onkel stellte allenfalls ein paar Fragen oder gab Anweisungen, wie für jeden Einzelnen die Tagesarbeit ablaufen sollte. Das Frühstück endete mit der Lesung des aktuellen Blatts für den jeweiligen Tag vom Neukirchner Erbauungskalender, der in der Stube an der Wand hing – ein häufig recht geschäftsmäßiger und nicht so sehr andächtiger Vorgang.

Im Anschluss an das Frühstück kontrollierte meine Tante die schulpflichtigen Töchter, ob sie sauber gewaschen, ordentlich frisiert und angezogen waren. Kurz geschnittene Haare bei Mädchen gab es damals in Isingen noch nicht. Die Älteren mussten ihre Zöpfe selber flechten, den Jüngeren halfen dabei die älteren Schwestern. Während der Schulzeit spielten die jüngeren Geschwister zu Hause in der Stube, im Hof, auf der *Gass* (Straße) oder in der *Zünneküferhütte,* einem Schuppen, in dessen von außen über eine steile Steintreppe zugänglichem Dachgeschoss Holz und Reisig aufbewahrt wurde. Schickte man Kinder mit dem Korb aus der Küche los, um Brennholz und *Reisigbüschele* zu holen, so vergaßen sie oft über dem Spiel im Holzschopf ihren eigentlichen Auftrag, und mussten ernsthaft ermahnt werden, ihm endlich nachzukommen. Während der Bauer *ins Futter ging,* also losfuhr, um Grünfutter zu holen, verrichteten die Frauen die täglich anfallenden Hausarbeiten. Gegen elf Uhr traf man sich zum Morgenvesper wieder am Stubentisch. Es gab ein Brot mit Butter, *Gsälz,* Wurst, Käse oder Speck, dazu Milch, Sprudel und Most.

Danach ging mein Onkel zum *Futter schneiden* in die *Schier,* anschließend in den Stall, um dort nach dem Rechten zu sehen. Die Frauen bereiteten das Mittagessen vor, zu dem sich die ganze Familie pünktlich um zwölf Uhr zusammenfand. Vor und nach dem Essen sprach die *Ahne* ein kurzes Tischgebet, etwa »Segne Vater dieses Essen, lass uns Deiner nicht vergessen« oder »Herr Dir sei Dank für Speis und Trank«. Die Suppe und anschließend die Hauptspeisen wurden in Schüsseln auf den Tisch gestellt; mein Onkel nahm sich seine Portionen selbst, die anderen hielten ihre Teller hin und meine Tante teilte das Essen nach ihrem Dafürhalten an die Kinder aus. Die Teller wurden nach der Suppe nicht gewechselt. Während der Mahlzeit sprach man kaum und konzentrierte sich auf das Essen. Von allen wurde erwartet, dass sie ihre Teller leer aßen. Nachtisch gab es keinen. Die verbleibenden Essensreste kamen, sofern niemand den Wunsch auf einen Nachschlag hatte, sofort in den *Saukübel.* Ich erinnere mich, dass es zum

Nachmittagsvesper beim *Buaben-Wilhelm* in Isingen

Mittagessen immer Most zu trinken gab, für die Kinder sauren Sprudel oder Milch, es sei denn, dass Milchkaffee ein Bestandteil des Essens war, dass es also *Beete* (Kuchen) oder *Schmalzküchle* gab.

Die Zeit zwischen dem Mittagessen und dem Nachmittagsvesper gegen siebzehn Uhr war in der Regel der Arbeit im Feld vorbehalten. Man ging also gemeinsam, nicht selten verstärkt durch Verwandte oder Nachbarn, zum Hacken, zum Heu wenden und *schochen*, zum Getreide aufstellen, zur Kartoffelernte und so weiter. Da die Anmarschwege zu den Äckern und Wiesen oft recht lang waren, blieben für die eigentliche Arbeit nicht mehr als zwei bis drei Stunden. Ich habe diese gemeinsam absolvierten Tätigkeiten als recht gesellig in Erinnerung. Alles, was während der Mahlzeiten nicht erzählt worden war, konnte jetzt nebenher ausführlich besprochen werden: was es Neues im Dorf gab, wer krank oder gar gestorben war, wer was angestellt hatte, was in der Schule vorgefallen war, was man Interessantes in der Zeitung gelesen hatte. (Radio hatten wir damals im Hause meiner *Ahne* nicht, nicht einmal einen Volksempfänger.) Nach der Rückkehr gab es das Nachmittagsvesper, an dem auch diejenigen teilnahmen, die von außerhalb der Familie kommend auf dem Feld mitgearbeitet hatten, frei nach dem bäuerlichen Grundsatz »*Wo mr schafft, da isst mr au*«. Eine Vergütung in Geld für die geleistete Arbeit war nicht üblich; man revanchierte sich bei Gelegenheit und achtete sehr darauf, dass die Arbeitskonten ausgeglichen waren. Zum Nachmittagsvesper, zu dem ähnlich wie zum Morgenvesper aufgetischt wurde, gab es in erster Linie Most, den man oft mit süßem Zitronensprudel verdünnte.

Anschließend stand wieder Stall- und Hausarbeit an. Die Schulkinder hatten jetzt Gelegenheit, ihre Hausaufgaben zu erledigen, soweit sie nicht für andere Tätigkeiten herangezogen wurden. Gar nicht ungern kamen die älteren der Pflicht nach, die Milch in der *Molke* anzuliefern. Sie fuhren mit einem *Wägele* oder schleppten an der Hand die großen und schweren Milchkannen aus dickem Aluminium zur *Molke* im Rathaus. Dort musste man sich anstellen, bis man zum Ausmessen der Milchmenge drankam, konnte auch im Anschluss daran noch ein bisschen Zeit mit anderen Jugendlichen vertrödeln, die auch Milch anzuliefern hatten. So ergab sich hier eine Art Jugendtreff, eine der wenigen Gelegenheiten, bei der Heranwachsende beiderlei Geschlechts, im Winter sogar nach Einbruch der Dunkelheit, unbeaufsichtigt zusammentreffen konnten.

Das Nachtessen fand zwischen sieben und acht Uhr abends wieder gemeinsam am Stubentisch statt, glich manchmal dem Vesper, häufig gab es aber auch Bratkartoffeln und dazu Milch oder eine *gebrannte* Grießsuppe mit *Erdäpfelschnitzen*. Dann machten sich die Kinder nach und nach fertig fürs Bett; die Mutter achtete darauf, dass sie vor dem Einschlafen ihr Nachtgebet sprachen. Wollte eines der älteren Kinder noch lesen, musste es in der Stube bleiben, denn in den Kammern war die Beleuchtung dafür zu schwach; Nachttischlampen gab es nicht. In der Stube saß man um den Tisch, auf den die Zuglampe einen hellen Lichtkegel warf, in dem man lesen, häkeln, stricken oder sonst etwas tun konnte, wozu man Licht brauchte; der Rest der Stube versank im Halbdunkel. Mein Onkel, müde von der langen und schweren Arbeit des Tages, schlief oft am Tisch über der Zeitung ein und war nur schwer dazu zu bewegen, ins Bett zu gehen. Meistens war aber kaum einmal nach zehn Uhr abends noch jemand auf; man musste ja am nächsten Tag wieder früh raus.

Bei aller Verschiedenheit der je nach Jahreszeit zu erledigenden Arbeiten waren es die Mahlzeiten, die den Tagesrhythmus der Familie bestimmten. Ohne Not wurde keine von ihnen ausgelassen und, wenn irgend möglich, wurden die dafür festgelegten Zeiten eingehalten. Dies galt insbesondere für das Mittagessen, das Punkt zwölf Uhr auf dem Tisch stand und den Schülern auf dem Heimweg von der Schule größte Eile auferlegte. Von allen Mitgliedern der Familie wurde erwartet, dass sie pünktlich zu den Mahlzeiten erschienen und regelmäßig an ihnen teilnahmen. Man musste schon sehr gute Gründe haben, wenn man gegen diese Regeln verstieß, und wurde, beson-

Vesper am Wiesenrain

Während der Ernte wurde oft auf dem Feld gevespert.

ders als Kind, im Zweifelsfall vom Familienoberhaupt hart angegangen.

Auf eine besondere Form der Mahlzeit muss noch eingegangen werden: das Vesper im Feld, das an strengen Arbeitstagen das Mittagessen ersetzte. Galt es, einen großen, weit vom Ort entfernten Acker – etwa auf dem *Pflanzer* – abzuernten, so hätte es zu viel der dringend benötigten Arbeitszeit gekostet, wenn man zum Mittagessen nach Hause gegangen wäre. Also machte man sich morgens zu Fuß auf den Weg und trug die notwendigen Gerätschaften auf der Schulter mit sich. Oft nahm man auch schon den großen *Vesperkorb* mit, wenn dieser nicht vom Fuhrwerk mitgebracht wurde, das erst später aufs Feld kam, damit die Zugtiere nicht zu lange in der Sonne stehen mussten und von den *Bremen* (Bremsen) geplagt werden konnten. Da niemand zu dieser Zeit bei der Feldarbeit eine Armband- oder Taschenuhr trug, achtete man zur Mittagszeit entweder auf den Stundenschlag der Kirche oder versuchte auf der Turmuhr zu erkennen, wie spät es war. Dann setzte man sich an einem Feldrain ins Gras, bei großer Hitze während der Erntezeit natürlich unter einen schattenspendenden Baum, unter dem zuvor schon der *Vesperkorb* abgestellt worden war. Die Getränke wurden, wenn möglich, zur Kühlung in einen nahe vorbeifließenden Bach gestellt. Nun wurde der *Vesperkorb* ausgepackt: *Vesperbrettle* und Messer, ein Brotlaib, Speckscheiben und geräucherte Bratwürste. Bald saßen alle da, Brot und Speck schneidend, von den Bratwürstchen beißend, kauend und mehr oder weniger zufrieden auf die bereits geleistete Arbeit blickend. Dazu trank man aus mitgeführten Gläsern *Most* oder Sprudel, die Frauen manchmal auch *Hägebutzentee* (Hagebuttentee). Gegen Ende der etwa halbstündigen Mittagspause konnte man sich vielleicht noch ein paar Minuten im Gras ausstrecken.

Schlafen

Die Betten in den Kammern hatten ein weißes Leintuch, ein ebenfalls weiß oder auch kariert bezogenes Kopfkissen und als Zudecke ein großes, oft schweres Federbett – sicher nicht mit Daunen gefüllt – mit einem blau oder rot karierten Überzug. Leintuch und Überzüge waren aus grobem Leinen und fühlten sich rau an. Alle Betten wurden täglich sorgfältig gemacht: gründlich gelüftet, das Leintuch gespannt, Kissen und Zudecke ordentlich durchgeschüttelt und nach einem festen Muster wieder auf-

Die Müllerin aus Rotenzimmern bei der allabendlichen Bibellese

gelegt. Vor dem Zu-Bett-Gehen musste deshalb die querliegende, einmal zusammengefaltete Bettdecke auseinander gezogen und um neunzig Grad gedreht werden. Die Ausstattung der Betten war sommers wie winters die gleiche; man deckte sich eben mehr oder weniger zu, im Winter sozusagen bis über die Ohren, im Sommer nur die Füße. Alle vier Wochen, vor dem großen Waschtag, zog man alle Betten ab und überzog sie neu. Die dafür benötigte Bettwäsche war Teil der Aussteuer, die die Bäuerin in die Ehe eingebracht hatte. Die Wäsche wurde im *Wäschekasten* oder in einer -truhe in einer der Kammern aufbewahrt.

Zur normalen Ausstattung der Schlafkammern gehörten keine Nachtkästchen mit Nachttischlampen, es gab höchstens einmal einen Stuhl oder Hocker, der neben dem Bett oder am Fußende des Betts stand. Als besonderer Komfort galt es, wenn über der Kopfseite der Betten ein Zugschalter angebracht war, sodass man von dort aus das Licht an- oder ausmachen konnte. Unter dem Bett stand für alle Fälle ein *Potschamber* (Nachttopf), denn der Weg zum *Abtritt* war oft weit und im Dunkeln oder gar in der Kälte unangenehm zu gehen. Als Nachtgewand trugen Männer wie Frauen weiße fußlange Nachthemden aus Leinen, die in der Regel am Kragen und an den Ärmeln mit schmalen farbigen Borten besetzt waren. Traf man in der Dunkelheit auf der Diele jemanden, der im Nachthemd unterwegs war, so bekam man unwillkürlich eine realistische Vorstellung, wie ein echtes Nachtgespenst aussehen müsste!

Im Winter konnte es in den Kammern eisig kalt sein. Nicht selten stellte man beim Aufwachen fest, dass während der Nacht der eigene Atem auf der Bettdecke fest gefroren war. Abends wurde das Bett mit Hilfe von *Bettfläschen* (Wärmflaschen) vorgewärmt. Dabei handelte es sich um abgeflachte, länglich-runde, eiförmige Wasserbehälter aus Kupfer- oder Weißblech. Sie standen tagsüber in der *Bratkachel* (dem Wärmefach) des Stubenofens und/oder auf dem Küchenherd. Man musste darauf achten, dass beim morgendlichen Zurückstellen dorthin der Schraubverschluss geöffnet war, anderenfalls bestand die Gefahr, dass die *Bettfläsch* durch die Ausdehnung des erwärmten Wassers platzen konnte. Andererseits musste sie abends, bevor man sie etwa eine Stunde vor dem Schlafengehen ins Bett brachte, richtig verschlossen werden, damit kein Wasser auslief. Ich kann mir noch heute nichts Wohligeres vorstellen, als in ein an sich kaltes Bett zu schlüpfen, mit den Füßen die heiße Wärmflasche nach unten zu drücken und sich selbst in die warme Kuhle zu kuscheln, die die Wärmflasche hinterlassen hat. In großen Familien gab es natürlich nicht für jedes Bett eine Wärmflasche. So wurde denjenigen, die früh ins Bett gingen, nach einiger Zeit die ihre entzogen und in ein anderes Bett gebracht, das erst später benutzt werden sollte. Behielt man seine *Bettfläsch,* so wurde sie im Lauf der Nacht kalt und bewirkte das Gegenteil von dem, was sie eigentlich sollte. Sie wurde dann vor dem Bett auf den Boden gestellt. Weil das im Halbschlaf nicht immer so ganz sachte geschah oder weil sie beim Transport hier und da unsanft irgendwo angeschlagen wurde, gab es an den *Bettfläschen* immer auch einmal undichte Stellen, die dann gelötet werden mussten. Meine *Ahne* hatte neben den Wärmflaschen auch noch einen Wärmstein, einen großen, schweren, glatten rötlichen Stein mit weißen Adern, der im Bratofen des Küchenherds aufgewärmt und im Übrigen wie eine Wärmflasche verwendet wurde. Beides, Wärmflasche und -stein, war manchmal so heiß, dass man sie in ein Tuch einwickelte, um sich die Füße nicht zu verbrennen.

Wie in allen anderen Räumen des Hauses gab es auch in den Kammern Mäuse. Vor dem Einschlafen hörte man sie oberhalb der Zimmerdecke trippeln oder hinter der Wandtäfelung an etwas nagen; manchmal kamen sie auch in den Raum herein und liefen zu unserem Entsetzen über die Bettdecke. Dann mussten sie gefangen, das Mauseloch musste gesucht und verstopft werden.

Den ganzen Sommer über war alles voller Fliegen, die im Lichtkegel tanzten und sich am Fenster sammelten. Sie kümmerten uns nicht so sehr, umso mehr aber die Schnaken. Weil wir wussten, dass wir nicht würden einschlafen können, wenn sie mit sirrendem Ton ihre Angriffe auf uns flogen, gingen wir vor dem Ins-Bett-Gehen auf Schnakenjagd. Das Fenster wurde geschlossen und jede Schnake, die man erwischte, an die Wand oder an die Decke geklatscht, was dort immer unschöne, oft auch blutige Flecken hinterließ. Wir wollten eben möglichst nicht verstochen werden, weil die Schnakenstiche tage- und, schlimmer noch, nächtelang entsetzlich juckten und Anlass zum Kratzen waren, was das Ganze nur noch verschlimmerte. Aber weil es uns zu warm war, wollten wir uns nicht unter der Bettdecke verstecken und so gegen die Schnaken schützen. Der Kompromiss, den wir Abend für Abend eingingen, bestand darin, möglichst alle Schnaken zu erledigen (was nie gelang!), die Fenster geschlossen zu halten (obwohl uns die Kühle der Nachtluft gegenüber der Schwüle in der Kammer sehr gut getan hätte), nahezu nicht zugedeckt auf dem Bett zu liegen (und trotzdem unangenehm zu schwitzen) und letztlich doch den einen oder anderen Stich abzubekommen! Im Gegensatz zu den Winternächten sind mir solche Sommernächte noch heute in schlechter Erinnerung.

Hygiene

In der Regel gab es um 1950 in Isingen im Wohntrakt der Bauernhäuser nur einen einzigen Wasserhahn; er befand sich über dem Terrazzo-Schüttstein in der Küche. Aus ihm stammte nicht nur das Wasser, das man für die Hausarbeit, vor allem also für das Kochen, Spülen und Putzen benötigte, an ihm wusch sich auch täglich die ganze Familie. Auf dem Schüttstein lag in der hinteren Ecke ein Stück Kernseife; an der Wand daneben hingen zwei Waschlappen, einer für das Gesicht, der andere für die Füße, und ein Handtuch; auf dem *Rähmele* (Bort) darüber stand ein Glas mit den Zahnbürsten, daneben lag die Zahnpasta, eine Haarbürste mit Kamm und ein Fingernagelreiniger.

Morgentoilette wurde nach der Stallarbeit und vor dem Frühstück gemacht. Sie beschränkte sich auf das Waschen des Gesichts und der Hände. Dazu wurde eine weiß emaillierte Waschschüssel mit blauem Rändchen in den Schüttstein gestellt, aus dem *Schiff* des Herdes mit dem *Schäpfle* heißes Wasser geholt und so lange mit kaltem *Hahnenwasser* vermischt, bis die Temperatur angenehm erschien. Man wusch sich Gesicht und Hals mit dem *Waschfleck,* anschließend mit Kernseife die Hände und Unterarme. Abschließend putzte man sich die Zähne und die Männer fuhren sich mit dem Kamm durch die Haare. Bevor sie sich zum Morgenkaffee an den Tisch setzten, warfen sie noch einen Blick in den kleinen Spiegel, der zwischen zwei Fenstern an der Stubenwand hing. Kinder versuchten nicht selten, sich vor dem Waschen ganz zu drücken oder nur eine so genannte Katzenwäsche zu machen, also mit den Händen etwas Wasser ins Gesicht zu schmeißen und dann schnell alles wieder abzutrocknen. Sie wurden deshalb vor dem Schulgang sorgfältig kontrolliert, denn man wollte nicht, dass sie dort durch einen »schwarzen« Hals oder Schmutz in und hinter den Ohren auffielen. Bei den Mädchen wurde auch kontrolliert, ob sie sich ordentlich frisiert hatten, ob also der Scheitel gerade gezogen war. In manchen Fällen geschah das Frisieren immer oder auch nur gelegentlich durch die Mutter, und es gab dabei auch manchmal größeres Geschrei, wenn die Haare verfilzt waren, durchgekämmt werden mussten und dabei *rupften.*

Tagsüber wusch man sich die Hände vor jeder Mahlzeit ebenfalls in der Küche. War man zu mehreren hochgekommen, so musste man vor der Waschschüssel Schlange stehen. Und es war eine Selbstverständlichkeit, dass mein Onkel immer der Erste war, der drankam! Wurde es zwischendurch notwendig, bei der Arbeit die Hände zu waschen – Arbeitshandschuhe kannte man damals nicht –, so geschah dies am Brunnentrog vor dem Haus oder am Wasserhahn im Stall, natürlich nur mit kaltem Wasser.

Abends kamen zu Gesicht und Händen noch die Füße dazu. Jüngere Leute stellten zum Füßewaschen die Waschschüssel auf den Küchenhocker, standen davor und hoben ein Bein nach dem anderen hinein; ältere setzten sich auf den Hocker und hatten die Waschschüssel vor sich auf dem Boden. Füße und Unterschenkel wurden eingeseift und mit dem Waschlappen gereinigt. Beim Füßewaschen musste man immer aufpassen, dass nicht zu viel Wasser *verläppert* (verschüttet) wurde, insbesondere dann, wenn man sich dazu in die Stube gesetzt hatte. Die Frauen fanden übrigens nach meinem Dafürhalten während der Hausarbeit oft ein bisschen Zeit, sich um ihre persönliche Hygiene zu kümmern, sodass sich in den »Stoßzeiten« hauptsächlich die männlichen Hausgenossen um den Wasserhahn drängten.

Das zentrale Ereignis in Punkto Sauberkeit war das wöchentliche Bad am Samstagabend. Um 1950 gab es wahrscheinlich in Isingen nur ein einziges Bauernhaus mit einem Badezimmer, einer richtigen Badewanne und einem mit Holz befeuerten Badeofen (beim Landwirt Rudolf Höhn). Und meine Tante im *Häusle* – einem reinen Wohnhaus – hatte sich in der Küche unter dem Schüttstein eine bei Bedarf herausklappbare Badewanne einbauen lassen, für sie damals ein großer Luxus, der sich in dieser Form allerdings in der Folge nirgends so richtig durchsetzen konnte. Überall sonst, auch bei meiner *Ahne,* badete man im Waschzuber in der Waschküche, und das heiße Wasser kam aus dem Waschkessel, der mit seiner Holzfeuerung auch für die notwendige Wärme im Raum sorgte. Selbstverständlich gab es nicht für jede Person frisches Wasser, sondern man badete das des Vorgängers aus, goss allenfalls ein paar *Schapfen* (Schöpfeimer) heißes Wasser nach, um die Temperatur einigermaßen zu halten. Im Bad wurde nicht nur mit Seife und Waschlappen hantiert; dort kam auch die Wurzelbürste zum Einsatz, und nicht nur manches Kind entstieg dem Zuber mit großen roten Flecken auf der Haut, die von der Hartnäckigkeit der Bemühungen um Sauberkeit Zeugnis gaben. Männer wuschen übrigens auch ihre Haare im Bad, Frauen in der Stube, vornüber gebeugt über die Waschschüssel, wobei immer eine zweite Person notwendig war, um zum Ausspülen frisches Wasser über die Haare zu schütten. Die Frauen verwendeten zum Haarewaschen bereits Shampoo, die Männer die übliche Seife. Einen Föhn kannte man noch nicht; die langen Haare der Frauen wurden offen getrocknet, weshalb die Frauen im Winter oft lange Zeit am Ofen sitzen bleiben mussten.

Die Männer rasierten sich nur einmal pro Woche am Sonntagmorgen vor dem Kirchgang. Sie standen dazu in der Stube vor dem Spiegel und hatten auf einem Stuhl in der Waschschüssel warmes Wasser vor sich stehen. Mit Rasierpinsel und -seife schäumten sie den Acht-Tage-Bart ordentlich ein, zogen das Rasiermesser an einem besonderen Lederriemen noch einmal ab und begannen sich dann vorsichtig zu rasieren, möglichst ohne sich zu schneiden. Dazu musste die Haut an faltigen Stellen entweder mit der zweiten Hand oder durch auf Kinder recht belustigend wirkendes Grimassieren gespannt gehalten werden. Die Prozedur wurde einmal wiederholt. Die Gesichtshaut war danach zwar gerötet und wirkte gereizt; die Männer schienen aber um Jahre jünger geworden zu sein. Einige meiner Onkel hatten Schnauzbärte, die nach dem Rasieren mit der Schere sorgfältig gestutzt und anschließend liebevoll gepflegt und in die richtige Form gebracht wurden.

Das Finger- und Fußnägelschneiden geschah von Fall zu Fall – also immer dann, wenn ein zu langer Nagel drückte oder bei der Arbeit hinderte – mit der normalen Nähschere und nicht besonders sorgfältig. Von Mani- oder Pediküre konnte nicht die Rede sein! Eingewachsene und damit schmerzhafte Zehennägel bei Männern waren durchaus die Regel; Fingernägel rissen bei der Arbeit oft ein und wurden dann rigoros zurückgeschnitten. Frauen und Mädchen trugen die Haare lang, zu Knoten verschlungen die einen, zu Zöpfen geflochten die anderen. Geschnitten wurden sie, wenn erforderlich, von ihnen selbst. Die Männer gingen hin und wieder, vor allem vor Fest- und Feiertagen, zum Dorffriseur. Den Jungen schnitt man entweder die Haare zu Hause oder schickte sie zur Nachbarin, wenn diese darin besonders geschickt war, selten auch zum Friseur. Auf jeden Fall wurden die Haare recht kurz geschnitten, sodass nur oben noch ein *Käpsele* übrig blieb. Sonntags und in der Schule benutzten alle Isinger ein Taschentuch, werktags schnäuzten sich vor allem die Männer elegant mit der Hand, ohne sich selbst dabei zu beschmutzen. Weil die Atemwege, vor allem während der kalten Jahreszeit, häufig verschleimt waren, wurde auch viel geräuspert und gespuckt, allerdings nie im Wohnbereich des Hauses.

Die üblichen Krankheiten wie Angina und Grippe, auch Kinderkrankheiten, behandelte man selbst mit Hausmitteln entsprechend den Erfahrungen ganzer Generationen. Je nach vermuteter Ursache gab es verschiedene Tees (so bei Blasenentzündung) oder Schmalzwickel um den Hals (bei so genanntem Halsweh), Wadenwickel bei höherem Fieber, bei Husten warme Honigmilch, zur allgemeinen Stärkung eine Fleisch- oder Hühnerbrühe mit einem *verkläpperten* (hineingeschlagenen) Ei und vieles mehr. Auch kleinere Wunden, *Oisen* (Furunkel) oder offene Beine verarztete man selbst, trug eine bewährte, oft selbst gemachte Wundsalbe auf der Basis von Kamillen oder *Ringele* (Ringelblumen) auf und legte einen Verband an. In schwierigeren Fällen wurde die Dorfschwester zugezogen, die in etwa die Rolle eines Hausarztes wahrnahm. Nur wenn man ganz ratlos war und der Zustand des Patienten wirklich beängstigend, suchte man den Arzt in Rosenfeld auf oder ließ ihn gar zu einem Hausbesuch kommen. Übrigens betrachteten die Isinger Rotwein vor allem als Arznei: Erwachsene, die nach schwerer Krankheit wieder zu Kräften kommen sollten, bekamen ein Glas Rotwein zu trinken, in das ein rohes Ei geschlagen war. Wohl bekomm's!

Kleidung

Um 1950 trug meines Wissens in Isingen niemand mehr Tracht; die alten Leute zogen sich aber noch einer langen Tradition entsprechend an. Meine *Ahne* kann ich mir nicht anders vorstellen als in einem langen schwarzen Rock und einem plissierten (fein gefälteltem), ebenfalls schwarzen Oberteil mit langen Ärmeln; vielleicht war es auch ein Kleid. Darüber trug sie, je nach Jahreszeit, ein gestricktes, dunkelfarbiges Jäckchen und, je nach Arbeit, die sie erledigen wollte, einen einfachen *Schurz*. Natürlich hatte sie eine besondere Kleidung für Sonn- und Feiertage, aber auf den ersten Blick sah man kaum einen Unterschied, wenn auch selbstverständlich der Stoff feiner und das Leibchen kunstvoller genäht war.

Sunntighäs (Sonn- und Feiertagskleidung) einerseits und *Wertighäs* (Werktags- und Arbeitskleidung) wurden damals streng voneinander getrennt. Die Männer trugen bei der Arbeit gekaufte Kordsamthosen (*Ribelesamt*), seltener auch schon die bei Arbeitern üblichen blauen Drillichhosen, manchmal noch Uniformhosen als Überbleibsel aus Krieg und Gefangenschaft. Sie alle wurden bis zum endgültigen »Geht nicht mehr!« ausgebessert und mit *Plätzen* (Flicken) besetzt, die durchaus nicht immer aus demselben, sondern oft nur aus einem ähnlichen Stoff bestanden. Der Begriff ähnlich wurde dabei sehr weit ausgelegt. Außerdem hatten die Männer ein kragenloses, langärmliges Hemd an, das auch erst dann ersetzt wurde, wenn es auf keinen Fall mehr zu flicken war. Endgültig ausgedient habende Hosen und Hemden dienten dann als »Ersatzteillager«, lieferten Knöpfe und Stofffetzen für die Reparatur noch tragfähiger Kleidungsstücke. Zwar ärmlich, aber ordentlich gekleidet zu sein, tat dem sozialen Ansehen keinen Abbruch! Über Hemd und Hose trug man einen Arbeitskittel, eine Stoffjacke, auf dem Markt gekauft, auch von irgendwoher geschenkt oder geerbt, und nur in den seltensten Fällen gegen Regen imprägniert, im Winter darunter eine Strickweste, meist älteren Datums, und in der Regel wenigstens an den Ellbogen gestopft. Einen Mantel trug man auch im Winter bei der Arbeit eigentlich nicht; bei strenger Kälte waren allerdings alte Militärmäntel im Gebrauch. Zur langen Unterhose trug man selbst gestrickte Socken und genagelte Stiefel: Die Ledersohle war mit speziellen Eisennägeln gespickt, an der Schuhspitze und an den Absätzen waren *Eisele* aufgenagelt. Durch das Nageln wurden die Sohlen haltbarer gemacht, denn beim Gehen nutzte sich nicht das Leder, sondern nur das Eisen der Nägel ab. Im *Werkstättle* gab es einen Dreifuß wie beim Schuster, mit dessen Hilfe man fehlende oder abgelaufene Nägel ersetzen oder wacklige Eisen neu befestigen konnte. Die Stiefel selbst waren aus hartem, festem Rindsleder und mussten – oft unter Schmerzen – eingelaufen werden, bis sie sich zuletzt den Füßen angepasst hatten – oder war es eher umgekehrt? – und angenehm zu tragen waren. Auf dem Kopf trugen die Männer im Sommer einen Strohhut, von dessen Band sie hin und wieder den Schweiß wischten, im Winter eine *Dächleskapp* (Schirmmütze), dazu bei großer Kälte Ohrenschützer. Die selbst gestrickten Fausthandschuhe waren bei vielen Arbeiten hinderlich und wurden deswegen eher nur auf dem Weg zu oder von einer Arbeit getragen; Pulswärmer, über die Handgelenke gestülpt, verhinderten nicht so genannte Schrunden, schmerzvolle Risse in der Haut der Finger, die beredtes Zeugnis davon ablegten, dass Nässe und Kälte ihr zerstörerisches Werk vollbracht hatten.

Die Sonntagskleidung der Männer bestand aus einem gedeckten Anzug mit Weste, den man beim Schneider anfertigen ließ. Nur selten griff man damals auf Konfektionskleidung zurück, war doch der Anzug sozusagen eine Anschaffung fürs Leben. Zur Weste gehörte die goldene *Sackuhr* (Taschenuhr) mit Kette, die man sonntags feierlich herauszog und den Deckel aufschnappen ließ, wenn man wissen wollte, wie spät es ist. Das weiße Sonntagshemd hatte entweder einen angenähten Kragen oder es wurde ein gestärkter Kragen auf das Hemd aufgeknöpft, eine Prozedur, bei der häufig die Frauen Hilfestellung leisten mussten. Zum Sonntagsanzug gehörte eine dezente Krawatte, die meist neu gebunden wurde, manchmal aber auch auf einem Gummiband fertig vorgebunden war, dieses legte man dann einfach um den Kragen. Dazu trug man ein Paar für damalige Verhältnisse

Feierabendrunde in Rosenfeld mit Schäfer Irion und Straßenwart Keller

Frauen in Leidringer Tracht beim *Some hacken*

leichte Halbschuhe und einen Hut. Für besonders feierliche Anlässe, auch für Beerdigungen, hatten die Männer noch ihren schwarzen Hochzeitsanzug, dazu als Kopfbedeckung einen Zylinder. Den schweren Sonntagswintermantel brauchte man bei großer Kälte für den Kirchgang. Dazu wurden ein Seidenschal und Glaceehandschuhe getragen, aber eben nur von denen, die sich diesen Luxus leisten konnten oder wollten.

Die Frauen fertigten ihre Kleidung größtenteils selbst an. Eine Ausnahme bildeten der *Kittelschurz* (das Schürzenkleid) und Teile der Sonntagskleidung. Das *Wertighäs* bestand aus einem einfachen Kleid oder einem Rock mit Bluse oder Pullover. Darüber, an heißen Sommertagen auch direkt über der Unterwäsche, trugen zumindest die älteren Frauen in Haus und Hof den *Kittelschurz,* den man sogar beim »Stoll«, also in einem der beiden Läden am Ort, fertig kaufen konnte. Er war meist mit einem feinen Blumenmuster farbig bedruckt und wurde vorne durchgehend geknöpft. Für besondere Arbeiten band man sich dann noch eine zusätzliche Schürze um. Unter den weit über das Knie reichenden Röcken trugen die Frauen selbst gestrickte Kniestrümpfe, im Sommer auch Söckchen, im Winter manchmal lange Strümpfe am Strumpfhalter. Hosen, egal ob kurz oder lang, waren damals für Frauen undenkbar, obwohl sie für viele Arbeiten, die in der Landwirtschaft erledigt werden mussten, sehr geschickt gewesen wären. Erst sehr viel später, in den sechziger Jahren, sollte sich die jüngere Generation in dieser Frage gegenüber der älteren durchsetzen! Als Arbeitsschuhe trugen die Frauen ebenfalls Stiefel, allerdings keine genagelten, und den Kopf schützten sie mit einem Kopftuch, das im Nacken gebunden wurde. Während die Männer sich in ihrem *Wertighäs* auch ungeniert in der Dorföffentlichkeit zeigten, pflegten sich die Frauen, sobald sie das Haus verließen, umzuziehen: der *Kittelschurz* wurde ausgezogen, das Hausjäckchen durch ein besseres, vielleicht auch modischeres ersetzt, das Kopftuch abgenommen.

Von wegen Mode: War sie für die Werktagskleidung der Frauen kaum von Bedeutung, so spielte sie doch für die Sonntagskleidung, vor allem der jüngeren, eine große Rolle. Zwar wurden auch diese Kleidungsstücke meist in Eigenarbeit hergestellt, aber man hatte Modezeitschriften mit den neuesten Strick- und modernen Schnittmustern parat. Nach oft langer und intensiver Beratung mit Schwestern, Freundinnen, Müttern und anderen Vertrauenspersonen in Modesachen entschied man sich, für ein bestimmtes Kleid den Stoff oder für einen bestimmtem Pullover oder ein Jäckchen die Wolle zu kaufen. So trugen die Frauen auch sonntags häufig selbst genähte Kleider, Röcke und Blusen oder selbst gestrickte Pullover oder Jäckchen. Zum Sonntagsmantel gehörte ein besonderes Kopftuch oder ein Hut, dazu trug man flache Halbschuhe, vielleicht mit etwas höheren Absätzen. Für Beerdigungen war ein schwarzes Kleid oder eine entsprechende Kombination mit einem schwarzen Rock Pflicht. Der in gedeckten Far-

Typische Kinderkleidung – Karlheinz und Margit Wizemann aus Isingen

ben gehaltene Wintermantel war an kühlen Tagen auch für den Gang zum Friedhof vorgesehen. Kaum eine Frau dürfte in Isingen damals mehr als drei Paar Sonntagsschuhe gehabt haben: ein Paar für den Sommer, eins für den Winter, ein drittes für besondere Gelegenheiten. Apropos: Besondere Gelegenheiten waren vor allem die Hochzeiten, zu denen jüngere Frauen oft als Brautjungfern geladen waren. Sowohl das Brautkleid als auch die Kleider der Brautjungfern waren in der Regel selbst genäht; oft wurden auch schon im Haus oder in der Verwandtschaft vorhandene »Prunkstücke« mehr oder weniger verändert.

Was für die Frauenkleidung gesagt wurde, gilt auch für die der Kinder: beinahe alles, was sie anhatten, war Selbstgenähtes. Die Mädchen trugen Kleider oder Röcke mit Blusen, die Jungen kurze Hosen mit Hemden. Lange Hosen gab es bis zur Konfirmation auch für Jungen nicht. Im Sommer hatten alle Socken oder Kniestrümpfe an den Füßen, im Winter lange Strümpfe, die mit *Rinken* (Strapsen) an einem Leibchen befestigt waren. Diese langen Strümpfe waren bei vielen Kindern sehr unbeliebt, weil die aus billiger Wolle selbst gestrickten Strümpfe auf der empfindlichen Haut kratzten. Jedes Kind hatte eine spezielle Schulkleidung, die Mädchen trugen Schulschürzen. Das hieß, dass sie sich immer nach der Schule umziehen mussten. Auf die Schulkleidung wurde sehr geachtet; von den Schülern wurde erwartet, dass sie mit genauso sauberer Kleidung aus der Schule zurückkamen, wie sie dort hingegangen waren. Raufereien, die im Schmutz der Straße endeten, sollten also besser nicht während der Schulzeit oder des Schulwegs ausgetragen werden. Das normale Schuhwerk der Kinder waren ebenfalls genagelte Schnürstiefel. Weil sie in der Regel nur ein Paar besaßen, musste dieses immer abends für den nächsten Schultag wieder sauber gemacht, und das hieß meistens mit Wasser gewaschen und nach dem Trocknen gewichst und gewienert werden. Die Winterkleidung bestand hauptsächlich aus zusätzlichen Stricksachen – Jacken, Fausthandschuhen, Mützen –, die man an kalten Tagen überzog. Die Handschuhe waren übrigens mit einer Wollkordel, die durch die Ärmel der Jacke lief, miteinander verbunden, sodass man sie nicht verlieren konnte. Für wintersportliche Betätigungen, wie Schneeballschlachten, Schneemann oder Schneehaus bauen, Schlitten fahren, trugen die Kinder zum Teil auch Trainingsanzüge. Da es in beinahe allen Familien mehr als ein Kind gab, wurde die Kleidung vom älteren zum nächst jüngeren vererbt, nicht immer zur Freude sowohl der Abgebenden als auch der Übernehmenden. Während die Kleider durch Kürzen oder Anstricken einigermaßen angepasst werden konnten, war dies bei den Schuhen nicht der Fall. Nicht selten musste deshalb ein Kind auch im Hochsommer zwei Paar dicke Socken tragen, weil die Schuhe sonst nicht passten; häufig kam es auch vor, dass ein Kind barfuß in die harten Stiefel schlüpfte, weil diese eigentlich schon zu klein waren. Auch wurden aus Sparsamkeitsgründen neue Kleidungsstücke oft so bemessen, dass das Kind noch hineinwachsen konnte. Vor allem bei den Sonntagskleidern bedeutete dies, dass die Kinder zunächst noch förmlich in ihnen hingen, bis sie im zweiten Jahr richtig passten und im dritten den Eindruck des Herausgewachsenseins machten. Aber wie hätte man sonst erreichen können, dass auch das *Sunntighäs* ordentlich aufgetragen wurde?

Erziehung

Die häusliche Erziehung war damals kein Thema, über das sich Eltern viele Gedanken gemacht hätten. Es war selbstverständlich, wie sich ein gut erzogenes Kind zu verhalten hatte, und Verstöße gegen bestehende, oft auch nur vermutete Regeln wurden ohne große Umschweife sanktioniert, wobei man im Allgemeinen, vor allem den Jungen gegenüber, auch mit körperlichen Züchtigungen nicht zimperlich war. Sie waren von beiden Seiten akzeptiert und bildeten einen schnellen und endgültigen Schlusspunkt bei der Ahndung eines Fehlverhaltens.

Ich denke, dass das eigentliche Erziehungsinstrument das Heranführen der Kinder an die Arbeit in Haus, Hof und auf dem Feld war. Je nach Alter, Kraft und Geschicklichkeit wurden die Kinder mit Aufgaben betraut, die sie ordentlich zu erledigen hatten. Vom *Kindsmagd* sein für jüngere Geschwister über Abstauben in der Stube, Straße kehren, Feuerholz holen, *Spächtele* machen, Vieh beim Gang zur Tränke bewachen, bis hin zum Mithelfen beim Stall ausmisten, zum Nachrechen, Kartoffeln auflesen, Garbenseile legen gab es unendlich viele Tätigkeiten, die Kinder genauso gut, zum Teil sogar leichter erledigen konnten als Erwachsene. Mein Onkel war ein unendlich geduldiger Lehrer, wenn es darum ging, Kinder anzuleiten, wie sie eine bestimmte Arbeit angehen

Kinder spielen im und ums *Ställe*.

sollten. Er achtete darauf, dass die Kinder sie sachgemäß erledigten und sparte auch nicht mit Lob, wenn ihnen das gelungen war. Die Erziehung der Kinder, so würde ich heute sagen, geschah hauptsächlich dank der Motivation durch das Erfolgserlebnis, das die eigene Leistung beim Arbeiten bescherte. Die aufgetragene Arbeit wurde von den Kindern oft durchaus als lästig empfunden. Sie hielt sie vom Spielen ab, war in vielen Fällen anstrengend, langwierig und auch langweilig. Gleichzeitig waren sich die Kinder aber bewusst, dass ihre Tätigkeit notwendig und wichtig war, dass man auch als Kind etwas Sinnvolles zum Leben der Familie beitrug, dass man in bestimmten Bereichen mit der Arbeit der Erwachsenen gleichzog. Als Kind und als Jugendlicher war ich stolz darauf, wenn ich für meinen Onkel oder meine Tante einen Auftrag selbständig erledigen durfte, wenn ich sah, dass das, was ich gemacht hatte, in Ordnung war und Anerkennung fand. Und ich erinnere mich sehr gut daran, mit welcher Genugtuung ich dann mit den anderen beim Vesper saß in dem Bewusstsein, dieses mir mindestens genauso ehrlich wie ein Erwachsener verdient zu haben.

Die von der täglichen Arbeit losgelösten Erziehungsbemühungen bezogen sich hauptsächlich darauf, die Einhaltung damals üblicher Verhaltenserwartungen an Kinder zu kontrollieren und, sofern erforderlich, durchzusetzen. Diskussionen mit Kindern über deren Verhalten gab es nicht. Ein paar Beispiele dafür aus dem innerfamiliären Bereich: Bei Tisch hatten die Kinder zu schweigen; wenn überhaupt jemand sprach, war es das Familienoberhaupt. Zum Tischgebet faltete man die Hände, während der Lesung aus dem Losungsbuch hatte man still am Tisch sitzen zu bleiben, der Teller wurde unter allen Umständen leer gegessen. Die Mutter bestimmte, was die Kinder anzuziehen hatten. Für das Verhalten in der Öffentlichkeit war die Ortssitte maßgebend. Erfuhren die Eltern von Verstößen, dass man beispielsweise den Lehrer nicht gegrüßt, eine Nachbarin verspottet oder Anweisungen des *Feldschütz* nicht befolgt habe, so hatte dies ohne langwierige Anhörung der Kinder zumindest eine Strafpredigt, wenn nicht eine mehr oder weniger angemessene Bestrafung zur Folge. Kam heraus, dass Kinder irgendetwas angestellt, insbesondere eine Sachbeschädigung begangen hatten, so mussten sie dafür geradestehen, den entstandenen Schaden reparieren und sich ganz offiziell beim Betroffenen entschuldigen, was immer eine höchst peinliche Sache war. Bei allen für notwendig erachteten Sanktionen galt die übliche »Gewaltenteilung«: Die Mutter hatte etwas bemerkt oder erfahren, was nicht in Ordnung war. Sie stellte die Kinder zur Rede und drohte ihnen, es dem Vater zu erzählen, der dann schon die erforderlichen Erziehungsmaßnahmen ergreifen werde. Häufig reichte diese Drohung schon aus, dass das Kind versprach, in Zukunft sein Verhalten wie gewünscht zu ändern. Wurde der Vater aber tatsächlich mit einbezogen, so ging es in der Regel für das Kind nicht so glimpflich

Die *Ahne* hütet ihre Enkel.

ab! Im großen Ganzen blieb es aber auch hier – zumindest bei meinen verschiedenen Onkeln – beim Androhen von Schlägen, was die Kinder trotzdem sehr ernst nahmen. Mein Bruder hat oft erzählt, dass sein Vetter und er meinen Onkel Reinhard so lange angebettelt hätten, bis er sie schließlich alle beide beim Heimfahren auf dem hoch beladenen Garbenwagen sitzen ließ. Weil er sich wohl dachte, dass sie dort außerhalb seines Zugriffs *herumbubeln* würden, kündigte er ihnen eine ordentliche Tracht Prügel an, für den Fall, dass einer vom Wagen fallen würde. Tatsächlich fiel mein Bruder herunter, rappelte sich sofort auf und rannte, so schnell er konnte, weg, aus Angst vor der angesagten Strafe. Sie wurde übrigens nie vollzogen; wahrscheinlich war mein Onkel überglücklich, dass dem Kind offensichtlich nichts Ernsthaftes passiert war.

Neben den Eltern waren für die jüngeren Geschwister die älteren eine allgegenwärtige Erziehungsinstanz. Diese setzten, oft mit recht handfesten Mitteln, ihre Einsichten über das richtige Verhalten in einer bestimmten Situation durch: Da ging es um das ordentliche Erledigen der Hausaufgaben für die Schule, um das Ausziehen der schmutzigen Stiefel schon in der *Hausöhre* oder um Hilfe für eine alte Frau, die es nicht mehr schaffte, ihr schwer beladenes *Wägele* die *Musel* hinaufzuziehen. Da ging es aber auch um Vorteile, die das ältere Kind für sich in Anspruch nahm, sodass das jüngere beispielsweise das Feuerholz holen musste, obwohl dies eigentlich Aufgabe des älteren gewesen wäre. Es existierte also in den Familien eine im Prinzip autoritäre, nicht hinterfragte Erziehungshierarchie, an deren Spitze der Patriarch und an deren Ende das jüngste Kind stand.

Dorfkinder beim Schlitten fahren. Im Hintergrund ein Bauernhaus mit angebautem Backofen

Die Kinder lernten, mit Geld äußerst sorgfältig umzugehen. Bargeld war um 1950 in den Isinger Bauernhäusern Mangelware. Der tägliche Bedarf, um beispielsweise etwa Salz einzukaufen, wurde aus einem Haushaltsgeldbeutel bestritten, in den der Bauer auf Anforderung – wenn nämlich nichts mehr oder zu wenig drin war – aus seiner eigenen Tasche einen kleinen Geldschein steckte. Wurden Kinder zum Einkaufen geschickt, so bekamen sie das benötigte Geld möglichst abgezählt mit. Davon unterwegs etwas zu verlieren, kam einer Tragödie gleich, sodass

Hopfete **(»Himmel und Hölle«) vor** ***Zacher-Eugens*** **Haus in Isingen**

das betroffene Kind sich kaum mehr nach Hause traute. Nur ganz selten wurde dem einkaufenden Kind zugestanden, für einen Pfennigbetrag für sich ein paar Bonbons, Brause, Pfefferminzbruch oder Lakritz zu kaufen; dabei waren diese kleinen Süßigkeiten außerordentlich begehrt. Vor dem Kirchgang wurde sorgfältig darauf geachtet, dass ein Kind eine Münze für das Opfer dabei hatte, genauso aber darauf, dass sie auch tatsächlich in die Opferbüchse wanderte! Taschengeld für Kinder gab es nicht; auch Jugendliche mussten in der Regel um genau den Betrag bitten, den sie für einen besonderen Zweck benötigten. Über das erste eigene Geld, das sie zur Konfirmation geschenkt bekommen hatten, konnten sie nicht frei verfügen, sondern mussten es zusammen mit den Eltern so verplanen, wie es vor allem diesen sinnvoll erschien.

Sexualerziehung oder auch nur sexuelle Aufklärung fand weder in der Familie noch in der Schule statt. Alles, was mit Sexualität zusammenhing, war in der pietistisch gefärbten Atmosphäre des Dorfes kein zulässiges Thema. Die Kinder und Jugendlichen waren auf das angewiesen, was sie bei den Tieren in Haus und Hof über Zeugung und Geburt beobachten konnten; den »Rest« erfuhren sie unter dem Diktum der Verschwiegenheit von älteren Geschwistern, Spielkameraden und Freunden. Ich meine mich zu erinnern, dass während des Konfirmandenunterrichts eine – nach heutigen Begriffen – sehr gemäßigte Aufklärungsschrift an die jungen Leute ausgegeben wurde; eine Tatsache, die bei den Eltern auf recht wenig Verständnis stieß. Von Verhütungsmethoden war darin sicher nicht die Rede. Stellte sich aber heraus, dass ein Mädchen schwanger war oder ein Paar heiraten »musste«, galt dies als Beweis für deren unmoralisches, sittenwidriges Verhalten und wurde als Schande für die betroffenen Familien, auch als Versagen der Eltern in einem wesentlichen Punkt der Erziehung angesehen. Zärtlichkeitsbezeugungen in der Öffentlichkeit beschränkten sich auf Kleinstkinder oder auf offizielle Anlässe wie Verlobungen oder Hochzeiten. Und auch im privaten Bereich kamen sie so gut wie nicht vor. Ich glaube nicht, dass ich je einmal gesehen habe, dass sich meine Onkel und Tanten geküsst oder umarmt hätten. Auch Kinder, die großen Kummer oder sich sehr wehgetan hatten, wurden kaum einmal von ihren Müttern in den Arm genommen. Selbst das Händeschütteln war in der Familie unüblich; erst nach einer längeren, Monate oder gar Jahre dauernden Abwesenheit wurde ein Familienmitglied mit Handschlag, nie aber mit einer Umarmung begrüßt.

Sonn- und Feiertage

An Sonn- und Feiertagen wurde in Isingen nicht gearbeitet, jedenfalls nicht in der Öffentlichkeit. Während es im katholischen Nachbarort Geislingen gang und gäbe war, im Heuet oder in der Ernte aufs Feld zu gehen, insbesondere dann, wenn ein Wetterumschwung drohte, herrschte im evangelisch-pietistischen Isingen absolute Sonntagsruhe. Dies bedeutete nicht selten, dass auf die Bauern sehr viel Mehrarbeit zukam, weil das Heu immer wieder neu *geschocht* und *auseinander getan* werden musste, ganz zu schweigen von der minderen Qualität, die es hatte, wenn es dann schließlich eingebracht wurde. Ich habe junge Leute oft darüber murren hören, aber sie konnten sich gegen die Dorfsitte nicht durchsetzen. Im Kern ging es darum, dass man nicht gegen das Gebot den Sonntag zu heiligen verstoßen wollte, und sicher war, dass auf der Sonntagsarbeit kein Segen liegen würde. Ob tief im Inneren auch die Einsicht dahinter stand, dass man die schwere tägliche Arbeit einmal unterbrechen müsse, um neue Kräfte zu sammeln, wage ich nicht zu beurteilen.

Natürlich gab es im Bauernhaus vieles, was auch am Sonntag erledigt werden musste, aber das spielte sich alles im Haus ab: Im Stall wurde gemistet, das Vieh wurde gefüttert und getränkt, die Kühe gemolken, dagegen wurde kein Grünfutter geholt und auch nicht die Futterschneidmaschine in Betrieb genommen. Und es gab bestimmte Arbeiten, die nur Sonn-

Dorfbewohner kehren von einer Beerdigung zurück.

tag früh erledigt wurden, so das Waschen und Einschmieren der Pferdehufe. Die Hausfrau bereitete das Sonntagsessen vor und investierte dafür weit mehr Zeit als an Werktagen, denn der übliche Braten musste laufend überwacht werden, auch gab es dazu selbst gemachte Spätzle und Kartoffelsalat. Weil das Essen Punkt zwölf auf dem Tisch stehen sollte, konnte die Hausfrau nur dann in die Kirche gehen, wenn sie zu Hause eine Hilfe hatte.

Kirchgang war um halb zehn Uhr. Das Vorläuten der Kirchenglocken (eine ganze und eine halbe Stunde vor Gottesdienstbeginn) bestimmte den Rhythmus der Familie in dieser Zeit. Beim *Zammaleita* (Zusammenläuten) machte man sich, geschniegelt und gebügelt, das Gesangbuch, das man einst zur Konfirmation geschenkt bekommen hatte, in der Hand oder in der Tasche, auf den Weg zur Kirche, die man noch während des Läutens erreichen sollte.

Nicht selten kamen Familienangehörige nicht miteinander, sondern in Abständen zur Kirche, so wie sie eben fertig geworden waren. Es wurde sehr darauf geachtet, dass möglichst viele Personen des Haushalts zum Gottesdienst gingen, mindestens aber eine aus jedem Haus. Die zu Hause Gebliebenen gingen während der Gottesdienstzeit kleineren Verrichtungen nach, die alle so leise vor sich gehen sollten, dass man außerhalb des Hauses nichts davon hören konnte. Während des *Aus-der-Kirche-Läutens* falteten auch die zu Hause Gebliebenen die Hände und murmelten das gleichzeitig in der Kirche von der Gemeinde gemeinsam gesprochene Vaterunser mit, schlossen sich also sozusagen virtuell mit ihrer Gemeinde kurz.

Die sonntägliche Freizeit begann erst nach dem Mittagessen und endete mit dem abendlichen Vesper, bevor das Vieh wieder versorgt werden musste. Sie wurde, je nach Jahreszeit, sehr verschieden genutzt, aber ohne die Mobilität und die Vergnügungen, wie wir sie heute auch auf dem Land kennen. Die ältere Generation machte in der Regel zunächst ein Mittagschläfchen, zu dem man sich ins Bett legte. Während harter Arbeitszeiten konnte es durchaus passieren, dass es sich über den ganzen Nachmittag hinzog. Ansonsten ging mein Onkel allein, aber auch begleitet von meiner Tante oder den Kindern, hinaus ins Feld, um nach dem Gras, dem Getreide oder den Kartoffeln zu sehen oder um im eigenen Wald nachzuschauen, ob und welchen Schaden ein Sturm hinterlassen hatte. Verwandte und Freunde besuchten sich gegenseitig und tranken miteinander Kaffee und aßen Hefezopf oder Weißbrot. Mein Onkel rauchte dazu einen *Stumpen*. Manchmal ging es auch zu Fuß oder mit dem Fahrrad in einen Nachbarort. Der Besuch galt dann meist Verwandten in Leidringen oder Täbingen, die man länger nicht mehr gesehen hatte. In diesem Fall blieb man noch zum Vesper und kam erst später nach Hause. Die Besuche verliefen eher wortkarg. Auch wenn man einen besonderen Anlass oder gar ein spezielles Anliegen hatte, wartete man zunächst darauf, ob der andere nicht zufällig – oder weil er schon ahnte, worum es gehen könnte – davon anfing. Ansonsten steuerte man ganz langsam auf sein Ziel zu, und ich habe mehr als einmal erlebt, dass man erst bei der Verabschiedung zum ei-

Ein sonntäglicher Spaziergänger kommt an einem *Butzemann* (Vogelscheuche) bei Leidringen vorbei.

Traditionelle Isinger Weihnachts- und *Gut-Jahr*-Brezeln

gentlichen Zweck des Besuchs kam. Ein oder zwei Mal im Winter, wenn das Pferd bewegt werden musste, wurde am Sonntagnachmittag der Rennschlitten angespannt und mit Schellengeläut fuhr die ganze Familie, in dicke Decken eingepackt und von *Bettfläschen* zusätzlich gewärmt, über Land zu Verwandten nach Ostdorf.

Am Nikolaustag: ein Junge mit *Weckenmann* und Äpfeln

Die jüngeren Leute hörten sich nach dem Essen – sofern in einem Haus überhaupt ein Radio vorhanden war – das Wunschkonzert an, mit Lys Assia und Rudi Schuricke als wichtigsten und angesehensten Interpreten, und gingen bei gutem Wetter hinaus auf die Dorfstraße, wo sie in nach Geschlechtern getrennten kleinen Gruppen ein bisschen auf und ab flanierten. Anschließend trafen sich die jungen Männer bei einem Kameraden, gingen zum Fußballspiel oder saßen im »Rössle« oder in der »Traube« bei einem Glas Bier. Die jungen Frauen waren in ihrer Bewegungsfreiheit noch mehr eingeschränkt. Sie konnten sich eigentlich nach dem Spaziergang in der *Musel* nur bei einer von ihnen zu Hause treffen und beim Stricken und Nähen miteinander unterhalten. Ein Tanzvergnügen gab es an einem normalen Sonntag nicht im Ort. Ins Kino nach Rosenfeld zu gehen war für alle schon ein ganz besonderes Ereignis und erforderte einigen Aufwand, nicht nur finanziell, sondern allein schon, um überhaupt dorthin zu kommen.

Für die Kinder, und zu denen zählten alle noch nicht Konfirmierten, war der Sonntagnachmittag eher langweilig. Weil man das *Sunntighäs* anhatte und dieses auf keinen Fall verdrecken oder gar zerreißen durfte, waren die sonst üblichen Spielmöglichkeiten im Freien stark eingeschränkt. Man saß also am *Stubentisch* und spielte »Schwarzer Peter« oder »Mensch ärgere dich nicht«, las selbst in einem Buch oder bekam etwas vorgelesen, ging brav, aber nicht besonders gern mit spazieren, wenn man dazu aufgefordert wurde. Es gab aber auch besondere Ereignisse: So erinnere ich mich, dass einer meiner Vettern eine Spielzeugdampfmaschine besaß. Wenn es uns gelang, meiner Tante die Erlaubnis zu entlocken, mit ihr zu spielen, waren wir ganz im Glück. Sie wurde feierlich aus dem *Kasten* geholt, wo sie unter Verschluss stand, damit dem wertvollen Spielzeug nichts passieren konnte. Dann musste Wasser in den Messingkessel gefüllt und mit Esbit geheizt sowie immer wieder geprüft werden, ob der Druck schon ausreichte, das große Schwungrad anzutreiben. Und welch ein herrliches Gefühl, wenn es gelang, über ein Vorgelege und zwei Riementriebe das Spielzeug-Sägegatter zum Laufen zu bringen. Insgesamt aber, so glaube ich, waren die Kinder eher froh, wenn der Sonntag vorbei war und sie wieder ihren gewohnten Beschäftigungen nachgehen konnten.

Die offiziellen Feiertage – außer dem 1. Mai waren es nur kirchliche – verliefen wie die Sonntage, nur dass die Verpflichtung, den Festgottesdienst zu besuchen, womöglich noch ernster genommen wurde. Der Karfreitag war insoweit besonders herausgehoben, als an ihm nicht nur das an Sonntagen übliche Arbeitsverbot, sondern sozusagen ein Beschäftigungsverbot herrschte. Selbst »Schwarzer Peter«, immerhin ein Kartenspiel, war den Kindern verboten. Man war gehalten, zu Hause zu sitzen, und hätte wohl über die Ereignisse auf Golgatha nachdenken sollen, beten, in der Bibel oder in einem der damals noch in allen Familien vorhandenen Erbauungsbücher lesen sollen. Die zweiten Feiertage an Weihnachten, Ostern und Pfingsten nutzte man häufig für Verwandtenbesuche. An Neujahr ging man zum *Gut-Jahr-Anwünschen* zu Verwandten und Bekannten, die jüngeren zu den älteren, die sozial niedriger gestellten zu den höher gestellten, insbesondere die Patenkinder zu ihrer *Dotte* oder ihrem *Dötte*. Im Gegenzug erhielt man dafür eine *Gut-Jahr-Brezel*. Am 1. Mai machten, wenn überhaupt, die jüngeren Leute einen Ausflug mit dem »Liederkranz«, einem Verein oder auch mit Freunden; meist war es eine Wanderung in der näheren oder weiteren Umgebung, die mit einem Wirtshausbesuch mit Maientanz endete. Fronleichnam, zwar ein gesetzlicher, aber als katholisch empfundener Feiertag, wurde als solcher nicht sehr ernst genommen, was übrigens für Karfreitag umgekehrt genauso galt. Dass Himmelfahrt von den jungen Männern als Vatertag gefeiert worden wäre, ist mir nicht in Erinnerung.

Goldene Hochzeit – damals ein ganz besonderes Ereignis

Keine offiziellen, aber im dörflichen Leben fest verankerte Feiertage waren die *Heukatz,* die *Sichelhenke* und die *Kirbe*. Sie wurden an Sonntagen zum Abschluss des *Heuets* und der Ernte begangen, die Kirchweih zum Ende des Erntejahres. Zur *Heukatz* und zur *Sichelhenke* gab es beim Mittagessen Schmalzküchle und für die Kinder ein kleines Taschengeld. Für den *Kirbesunntig* wurden in allen Häusern jede Menge *Beeten* gebacken, sie wurden mit geeignetem Obst oder Gemüse belegt, mit dem, was der Herbst zu bieten hatte, angefangen von Äpfeln bis hin zu Zwiebeln. Auch *Martini* war insofern ein herausgehobener Sonntag, als es an ihm ein besonders üppiges Mittagessen gab – schon längst nicht mehr nur die bekannte Martinsgans – und die Schulden beglichen wurden, die irgendwo das Jahr über aufgelaufen waren. Insbesondere erschienen an diesem Tag die Erntehelfer, die man hie und da benötigt hatte, und nahmen ihren Lohn in bar in Empfang.

Von den persönlichen Feiertagen spielten die Geburtstage in der Familie kaum eine Rolle. Man gratulierte dem »Geburtstagskind«, auch dem erwachsenen, mit dürren Worten: *I wainsch Dir alles Gute* oder *I gratulier Dir au,* aber das war es dann schon. Keine Geburtstagsgeschenke, kein Geburtstagskuchen, mit Ausnahme von runden Geburtstagen bei alten Leuten, so am Achtzigsten. Da kam dann auch der Herr Pfarrer zu Besuch, und man trank im Familienkreis Kaffee und aß dazu Hefezopf. Wichtige persönliche Feiertage, die man im mehr oder weniger großen Kreis der Familie beging, waren dagegen Taufen, Konfirmationen, Verlobungen, Hochzeiten und Beerdigungen. Da an diesen Festen, mit Ausnahme der Taufen und Verlobungen, das ganze Dorf teilnahm, war der familiäre Anteil eher begrenzt. Dennoch waren diese Ereignisse der Anlass, sich zu einer Art Familientreffen zusammenzufinden. Man konnte sicher sein, aus allen Teilen der oft weit verzweigten Verwandtschaft wenigstens eine Person anzutreffen und so das Neueste auch aus dieser Ecke zu erfahren. Und der nach der Sitte zum Dabeisein verpflichtende Anlass enthob auch jeden Gast der Sorge, man würde ihm unterstellen, dass er sich nur einen vergnügten Tag habe machen wollen anstatt zu arbeiten.

Verwandtschaft

Meine Großeltern hatten dreizehn Kinder, von denen 1950 noch elf lebten. Sechs waren in Isingen selbst verheiratet, acht hatten eine eigene Landwirtschaft, meistens in Isingen, ein Bruder hatte eine in Ostdorf bei Balingen, eine Schwester eine in Erzingen und eine in Kemnat auf den Fildern. Solange meine *Ahne* lebte (sie starb 1949) war sie und damit auch ihr Haus, in dem mein Onkel Martin mit seiner Familie den bäuerlichen Betrieb inzwischen übernommen hatte, der Mittelpunkt der näheren Verwandtschaft, bestehend aus ihren Kindern und Enkeln. Am Sonntagnachmittag kam immer ein Teil der in Isingen wohnenden zu Besuch, und man tauschte die wichtigsten Neuigkeiten der vergangenen Woche aus. Dabei ging es vor allem darum, welche Arbeiten man in Haus, Hof und Feld erledigt hatte, ob und welche Erwartungen sich dabei erfüllt oder nicht erfüllt hatten, wer krank geworden war und wie man die Krankheit zu heilen versuchte oder versuchen sollte. Man erkundigte sich nach denen, die am entsprechenden Sonntag nicht da waren, und fragte darüber hinaus, was es bei den jeweiligen Nachbarn oder Freunden Neues gäbe. Um den Kontakt zu den auswärts wohnenden Kindern und deren Familien zu halten, schrieb meine *Ahne* meist Postkarten, manchmal auch Briefe. Ich erinnere mich genau, dass sie sehr schön und sauber in deutscher Schrift, die ich auch noch in den ersten drei Jahren meiner Schulzeit erlernt hatte, geschrieben waren, und dass meine *Ahne* die Rechtschreibreform der Jahrhundertwende nicht mit vollzogen hatte: Tür schrieb sie noch mit th, also Thür! Auch nach dem Tod meiner Großmutter blieb ihr Haus für ihre Kinder das Zentrum der Familie.

Das Verhältnis der Brüder und Schwestern, aber auch der Schwäger und Schwägerinnen untereinander war von einer Art selbstverständlichem Zusammengehörigkeitsgefühl geprägt, ohne – wenigstens dem äußeren Anschein nach – besonders herzlich zu sein. Traf man sich irgendwo im Dorf oder auf dem Feld, so sprach man miteinander, so wie man mit vielen anderen Dorfbewohnern auch gesprochen hätte. Natürlich wurde auch hin und wieder etwas gegen den einen oder anderen, seine Arbeitsweise, die Erziehung seiner Kinder und so weiter gestichelt, aber es kam kaum einmal zu ernsthafteren Zerwürfnissen. Gab es doch einmal *Händel* (Streit), weil sich beispielsweise zwei gegenseitig überboten hatten, um ein bestimmtes *Äckerle* unbedingt zu erwerben, so wurde dieser Streit nach außen möglichst übertüncht, um dem Ansehen der Großfamilie in der Öffentlichkeit des Ortes nicht zu schaden. Nach innen wurde alles ohne große Versöhnungszeremonie so schnell wie möglich vergessen und begraben. Innerhalb der Großfamilie fühlte man sich zu gegenseitiger Hilfe verpflichtet. Dies galt zunächst einmal für die Frauen, die einsprangen, wenn bei Taufen, Konfirmationen oder anderen größeren Familienfesten, die Hausfrau mit den dazu notwendigen Arbeiten überfordert gewesen wäre. Darüber hinaus galt, dass zwar die Arbeit im eigenen Betrieb Vorrang hatte; war man aber damit fertig oder ergab sich eine Lücke, so bot man seine Arbeitskraft dort an, wo sie gerade am nötigsten gebraucht wurde. Selbstverständlich arbeitete man auch dann zusammen, wenn es gar nicht anders ging, also beim *Mahren,* dem Zusammenspannen von zwei Pferden aus verschiedenen Betrieben als Zug für den Getreidemäher, oder beim Dreschen, wo die eigenen Leute oft nicht ausreichten, um alle notwendigen Positionen zu besetzen. Ganz intensiv wurde die verwandtschaftliche Hilfe dann, wenn durch Krankheit, Unfall oder gar Tod die Bewirtschaftung eines Betriebs gefährdet war oder ganz zusammenzubrechen drohte. Bei aller Hilfsbereitschaft war man aber immer auf einen möglichst gerechten Ausgleich bedacht. Niemand wollte auch nur den Verdacht aufkommen lassen, dass er sich einen Vorteil auf Kosten des anderen verschaffe. Mein Vater hat lange Zeit darunter gelitten, dass in den Kriegs- und Nachkriegsjahren seine Geschwister sehr viel für seine Familie getan hatten und er das Gefühl hatte, dafür keine einigermaßen gleichwertige Gegenleistung erbringen zu können. Der Kontakt zu den nicht am Ort wohnenden Geschwistern war natürlich loser, je weiter weg sie wohnten, umso mehr. Er wurde aber durch gegenseitige Besuche aus Anlass von Konfirmationen, Hochzeiten, aber auch Beerdigungen trotzdem intensiv gepflegt.

Ein im wörtlichen Sinn unendliches Kapitel ist die weitere Verwandtschaft, gekennzeichnet durch viele, viele Vettern und Basen bis zur vierten oder fünften Ordnung, blutsverwandt oder angeheiratet. Bei allen Familienfesten traf man nicht nur die eigenen Blutsverwandten, sondern lernte auch die Blutsverwandten der anderen Familien kennen und bezog sie in die eigene Verwandtschaft mit ein. Weil sie weit im Land verstreut wohnten, wurden sie häufig nach ihrem Heimatort bezeichnet. Als ich 1951 mit einem Freund und meinem Bruder Harald eine Fahrradtour nach Nürnberg machte und wir in der Jugendherberge in Ludwigsburg keinen Unterschlupf fanden, fiel mir ein, dass es in der Verwandtschaft eine *Asperger Frieda* gab. Erstaunlicherweise gelang es uns, zusammen mit der Zusatzinformation, dass Friedas Mann in einer Gießerei arbeitete und sie dort in der Nähe wohnten, sie ausfindig zu machen. Wir wurden als Verwandte selbstverständlich und sehr gastfreundlich aufgenommen. Da gab es noch den *Nagolder*, den *Mühlemer* (Mühlheimer) *Vetter* und die *Nellinser* (Nellingsheimer) *Mädle* und viele andere mehr, von denen man wusste, dass man mit ihnen verwandt war, die man bei Familienfesten traf und die man auch besuchte, wenn man zufällig einmal in die Nähe ihrer Wohnorte kam. Mein Vater war geradezu elektrisiert, wenn er irgendwo auf den Namen Frommer traf. Meistens gelang es ihm, wenigstens den Bezug zu Isingen herzustellen (wenn es keine aus Irslingen bei Rottweil stammenden katholischen Frommer waren), denn außer seiner Großfamilie gab es dort noch viele andere Frommer: Zwei meiner Tanten waren sowohl geborene als auch verheiratete Frommer! Fand er aber den verwandtschaftlichen Bezug zur eigenen Familie, so erfuhren wir etwas über den Teil der schwäbischen Verwandtschaft, die über frühere Generationen mit uns verbunden war, also über die Geschwister und Vorfahren meiner Großeltern. Soweit sich diese verwandtschaftlichen Beziehungen auf die nähere Umgebung von Isingen bezogen, wurden sie im Rahmen des Üblichen durchaus gepflegt. In Einzelfällen gingen sie auch weit ins Land hinaus, so zum Forst- und Vogelhof in der Nähe von Crailsheim oder zum früheren Bundesminister Erhard Eppler. Da es um 1950 kaum Telefon in der bäuerlichen Verwandtschaft gab und diese auch eher schreibungeübt war, blieb man eben, so gut es ging und die Umstände es zuließen, in persönlichem Kontakt, nicht zuletzt, um die eigene Familie in einen vertrauten größeren Rahmen richtig einordnen zu können.

Das Leben im Dorf

Statistisches

Die Isinger Gemarkung umfasst 549 Hektar. Auf ihr gibt und gab es sechs Wohnplätze: außer dem Dorf Isingen die Höfe Häsenbühl (mit über 20 Hektar gleichzeitig der weitaus größte landwirtschaftliche Betrieb der Gemeinde), Langenmahd, Schieferhalde, Seehof und Wolfsgrube, alle auf dem Isinger Heuberg gelegen.

Bei der Volkszählung im September 1950 hatte Isingen 530 Einwohner, von denen 249 männlich waren; es gab 122 Kinder und Jugendliche unter fünfzehn Jahren, 82 Heimatvertriebene; nur drei Einwohner waren katholisch, alle anderen evangelisch. Die Leute wohnten in 112 Gebäuden mit 163 Wohnparteien, was bedeutet, dass sich in wenigstens jedem zweiten Haus mehr als ein Haushalt befand, sei es, weil dort zwei Generationen zusammenlebten, sei es, weil eine Flüchtlingsfamilie aufgenommen worden war. 99 Gebäude waren Eigentum der Bewohner; 98 waren Bauernhäuser, wurden also nicht nur zum Wohnen, sondern auch landwirtschaftlich genutzt. Ohne die Flüchtlinge hätte sich die Einwohnerzahl in den vorausgegangenen fünfzig Jahren genauso wenig verändert gehabt wie die Zahl der Gebäude. 20 Prozent der Einwohner waren in den letzten fünf Jahren zugezogen, sie waren noch wenig in das Dorfleben integriert und hatten es auch nicht entscheidend beeinflusst.

78 der landwirtschaftlichen Betriebe hatten eine Nutzfläche zwischen fünf und 20 Hektar. Die gesamte Betriebsfläche der Isinger Bauern war mit

Winter im Dorf

Blick auf Isingen

603 Hektar durch Zukauf oder Zupachtung ungefähr zehn Prozent größer als die Gemarkungsfläche. Davon waren 191 Hektar Ackerland, das in Dreifelderwirtschaft umgetrieben wurde, 324 Hektar Wiesen, was die Bedeutung der Viehwirtschaft für die Isinger Bauern unterstreicht, und 88 Hektar Wald. Die Viehzählung ergab 53 Pferde, 455 Rinder (darunter 224 Kühe, von denen 154 auch als Zugtiere eingesetzt wurden) und 385 Schweine. Durchschnittlich war also damals ein landwirtschaftlicher Betrieb in

Isingen ungefähr sechs Hektar (18 württembergische Morgen) groß, hatte vier bis fünf Rinder (darunter zwei Milchkühe) und etwa vier Schweine. Nur die Hälfte verfügte über ein Pferd als Zugtier, die anderen arbeiteten mit Kuhgespannen.

Von den insgesamt 352 Erwerbspersonen waren 214 (also rund zwei Drittel) in der Landwirtschaft und 121 in Industrie und Handwerk tätig, von denen wiederum 93 aus Isingen auspendelten. Diese Zahlen verdeutlichen, wie ausschließlich um 1950 das Leben in Isingen von der Landwirtschaft geprägt war. Gleichzeitig zeigt die Realsteuerkraft je Einwohner und Jahr von 20,67 DM (zum Vergleich: Dautmergen 20,43 DM, Bickelsberg 23,14 DM, aber Dotternhausen 109,29 DM und, Spitzenreiter im Landkreis Balingen, Tailfingen 152,36 DM), wie arm damals rein landwirtschaftlich orientierte Gemeinden im Vergleich zu Industriestandorten (Dotternhausen: Zementwerk; Tailfingen: Trikotfabriken) waren und es für viele Jahre auch geblieben sind. (Alle statistischen Daten verdanke ich dem Statistischen Landesamt Baden-Württemberg.)

Beschrieben wird also das Leben in einer kleinen dörflichen Gemeinde, die um 1950 noch stark in der »guten alten Zeit« verwurzelt war, in der der Tages-, Wochen- und Jahresablauf durch die in der herkömmlichen Landwirtschaft notwendigen Arbeiten geprägt wurde, in der gemeinsame religiöse Überzeugungen und eine ungebrochene Ortssitte das Verhalten der dort lebenden Menschen bestimmten und in der die optimale Nutzung des Grund und Bodens für die eigene Versorgung stärker im Mittelpunkt des bäuerlichen Interesses stand als das Erzielen von möglichst hohen finanziellen Gewinnen.

Die Gemarkung

Das Ackerland war zu seinem größeren Teil noch dem so genannten Flurzwang unterworfen. Die Dreifelderwirtschaft legte die Bauern darauf fest, jährlich wechselnd in einem *Esch* (der Fruchtfolge unterstehendes Fruchtfeld) Sommerfrucht, im zweiten Winterfrucht und im dritten, dem ehemaligen Brachösch, Kartoffeln, Rüben, *Rebs* (Raps) oder Klee anzubauen. Auf die Winterfrucht – im Herbst ausgesäter Weizen, Roggen oder Dinkel – folgte die Sommerfrucht – im Frühjahr ausgesäte Gerste, Weizen, *Haber* (Hafer) oder *Mischfrucht* (Gerste und Hafer zusammen) – und darauf das Jahr des Brachöschs. Nur mit *Schnecklesklee* (Blau- oder Alpenklee) eingesäte Äcker rotierten nicht mit. Sie blieben für drei, manchmal sogar für sechs Jahre unverändert, um einem ausgelaugten Boden die Möglichkeit zur Regeneration zu geben. Nicht zuletzt, weil manche Felder nicht an öffentlichen Wegen lagen, auf Nachbaräckern also Überfahrtrechte ruhten, und die verschiedenen Besitzer, um Schäden möglichst gering zu halten, sich vor allem in der Ernte aufeinander abstimmen mussten, wurde die Zuordnung zu den Öschen von allen Bauern eingehalten. Dies war nur möglich, wenn der Betrieb in jedem Ösch über etwa gleich große Flächen verfügte. Ein kleinerer Teil der Flur war aber nicht dem Flurzwang unterworfen; hier boten sich Möglichkeiten des Ausgleichs, wobei für den einzelnen Acker dann doch wieder das Gesetz der Dreifelderwirtschaft galt.

Die einzelnen Felder waren infolge der in Württemberg üblichen Realteilung recht klein, umfassten oft nicht einmal einen *Morgen* (drei württembergische Morgen entsprechen etwa einem Hektar). Die Bewirtschaftung dieser kleinen Parzellen erforderte einen großen Zeitaufwand. Nicht nur, dass man große Wegstrecken zurücklegen musste, um ein Äckerchen zu erreichen, sondern auch, dass der Einsatz von Maschinen sich kaum lohnte. Eine Stunde reichte oft für den Anmarsch zu Fuß – und anderes war damals kaum möglich – nicht aus. Handelte es sich bei dem Getreidefeld um ein langes, schmales »Handtuch«, dann war für das Mähen mit der Maschine die Vorbereitungsmahd mit dem *Hudel* oder der Sense schon ein Viertel oder Fünftel der ganzen Fläche. Es rentierte sich dann beinahe nicht mehr, dafür auch noch die Mähmaschine aufzufahren. Manchmal ließ sich der Aufwand dadurch optimieren, dass zwei oder drei nebeneinander liegende Äcker gleichzeitig bearbeitet wurden. Die Baumäcker in der Nähe des Dorfes waren zwar schneller erreichbar, aber für den Einsatz von Maschinen nicht geeignet, sodass hier ebenfalls von Hand gemäht werden musste.

Auch die Wiesen lagen oft weitab vom Dorf, sicher mit ein Grund dafür, dass man in Isingen seit rund hundert Jahren nur noch die Sommerstallhaltung des Viehs, also keine Weidewirtschaft mehr kannte. Man hätte sich damals auch sicher nicht vorstellen können, das Vieh nachts auf der Weide zu lassen. Es täglich morgens hinaus und abends wieder heimzutreiben, hätte zu viel Zeit beansprucht. Um aber das Grünfutter während der Vegetationsperiode heimzuholen, waren lange Anfahrten nicht ungewöhnlich. Das tägliche Grünfutter wurde ausschließlich mit der Grassense gemäht. Stand dafür eine *Baumwiese* (heute Streuobstwiese) an, so schlug man zwei Fliegen mit einer Klappe, denn sie hätte sowieso von Hand gemäht werden müssen. Und nur für das Mähen des Heu- oder Öhmdgrases fuhr man mit der Mähmaschine zu den weit entfernt liegenden Wiesen.

Die Isinger Gemarkung (siehe hinterer Vorsatz) war sowohl von der Größe als auch von der Aufteilung und der Art der Bewirtschaftung her, wie sie damals betrieben wurde, nicht geeignet, die Arbeitsabläufe zu optimieren. Zusätzlich erschwert wurden sie durch die Tatsache, dass nur ein geringer Teil der Gemarkung durch außerhalb des Ortes und damit zentral in ihrem Bereich liegende Höfe bewirtschaftet wurde, sowie dass verhältnismäßig viel Fläche, vor allem in der Rosenfelder, der Geislinger und der Binsdorfer Gemarkung, von Isingen aus betreut wurde. Außerdem ergaben sich wegen der großen Höhenunterschiede innerhalb der Gemarkung zusätzlich Transportprobleme, die es beispielsweise nicht zuließen, mit zwei aneinander gehängten Garbenwagen die *Musel* hinaufzufahren.

Der Verkehr

Die durch den Ort führende Straße vom Kleinen Heuberg – von Geislingen oder von Dotternhausen kommend – nach Rosenfeld war befestigt, ebenso waren es die Straßen innerhalb des Ortes. Sie waren

Ein Feldweg wird *eingesetzt,* das heißt nach alter Bauart befestigt.

alle wassergebunden und weder kanalisiert noch geteert. Zu Fuß benutzte man sowohl auf den Heuberg als auch nach Rosenfeld die so genannten alten Straßen, die als Feldwege wesentlich kürzer, aber auch entsprechend steiler waren. Die stärker befahrenen Feldwege hatten zwei Fahrrillen, oft recht tief eingeschnitten, und zwischendrin und auf beiden Seiten eine erhöhte Grasnarbe; die weniger befahrenen waren meist eben und mit Gras bewachsen. Mit einem Fuhrwerk die Fahrrillen richtig einzuhalten, erforderte vom Fuhrmann einiges Geschick; ein hoch beladener Heu- oder Erntewagen konnte leicht umkippen.

Die Straßen bekamen durch Abnutzung, Regen, Schnee und Eis regelmäßig größere und kleinere Löcher. Diese wurden vom *Fronmeister* (Wegwart) ausgebessert, der mit einem zweirädrigen Karren voll Schotter unterwegs war, die Löcher mit der Schaufel füllte und mit deren Unterseite an der Oberfläche glatt schlug. Außerhalb des Ortes standen entlang der Straße auf beiden Seiten Äpfel- und Birnbäume, die, nachdem sie im Frühjahr angesetzt hatten, meistbietend versteigert wurden, indem die Gruppe der Interessenten von Baum zu Baum ging und entsprechende Angebote unterbrei-

Der *Fronmeister* bei der Straßenausbesserung

tete. Ebenso verpachtete die Gemeinde Wiesenwege meist an Kleinbauern, die dringend zusätzliches Grünfutter benötigten. Von ihnen wurden diese Wege dann so rechtzeitig gemäht, dass das Gras noch nicht durch zu viele bereits darübergefahrene Fuhrwerke verdorben war.

Um die oft recht langen Wege vom Ort zu den Äckern und Wiesen etwas zu verkürzen, gab es viel begangene *Fußwegle,* die heute zum größten Teil gar nicht mehr existieren: das *Gänsäcker-*, das *Graben-*, das *Grund-*, das *Hofäcker-*, das *Juden-*, das *Lehren-*, das *Reitersteig-*, das *Wettewegle,* und sicher noch einige mehr. Sie waren meist benannt nach dem *Gewann* (Flurstück), durch das sie führten. Das *Judenwegle* soll nach den jüdischen Hausierern benannt worden sein, die von Haigerloch kommend diese Route benutzten. Auf diesen *Wegle* ging man, meist zu zweit oder zu dritt, im Gänsemarsch zum zu bearbeitenden

Feld und hatte ein oder zwei Geräte geschultert, je nachdem, welche Arbeit anstand: Sense, die Schneide gesichert durch eine Scheide, und Rechen oder Gabel, *Haube* (Hacke) und *Karscht* (zweizinkige Hacke). Auch einen Vesperkorb trug man mit, wenn er nicht mit dem Fuhrwerk nachkam.

Auf den Straßen und Wegen waren die traditionellen eisenbereiften Wagen unterwegs, bespannt mit einem oder zwei Pferden oder mit Kühen. Die Pferdegespanne wurden in der Regel vom Wagen aus gelenkt, die Kühe vom Fuhrmann am Halfter geführt. Auf den schmalen Feldwegen hatte nur ein Fuhrwerk Platz; wenn sich zwei trafen, musste das unbeladene in die neben dem Weg liegende Wiese oder einen Acker ausweichen, wobei sehr darauf geachtet wurde, dass diese möglichst bereits abgeerntet waren, damit niemandem ein Schaden entstand (siehe Bild Seite 70). Motorisierte Fahrzeuge gab es kaum. Pfarrer Dr. Scheuermann, ein schwer Kriegsversehrter, hatte ein Auto. Außerdem kamen Arzt und Tierarzt aus Rosenfeld mit einem Kraftfahrzeug, und schließlich verfügte Schreiner Schmid schon über ein eigenes Motorrad. Einmal am Tag kamen das Milch- und das Postauto in den Ort, einmal pro Woche ein Kleinlaster, der von Haus zu Haus fuhr und Kisten mit Sprudel – die Flaschen natürlich noch mit Schnappverschluss – verkaufte. Sobald man also ein Fahrzeug im Ort sah, wusste man, wem es gehörte und was er im Ort wollte. Tauchte einmal ein anderes Fahrzeug auf, so erregte dies großes Aufsehen und war sogleich Anlass für die gewagtesten Vermutungen.

Ansonsten war das Fahrrad das am meisten benutzte Transportmittel, obwohl sich Isingen wegen

Zur Feldarbeit unterwegs mit dem Fahrrad

Der Postbus auf winterlicher Straße zwischen Rosenfeld und Bickelsberg

der großen Steigungen nicht besonders dafür anbot und die Fahrräder natürlich noch nicht über Gangschaltungen verfügten. Trotzdem fuhren, besonders die jüngeren Leute, wenn möglich mit dem Fahrrad nach Rosenfeld, schoben es eben den Berg hinauf und freuten sich dabei schon auf das Heruntersausen. Auch wurde das Fahrrad oft von der Person benutzt, die zunächst auf dem Feld mitarbeitete, später aber möglichst schnell das Fuhrwerk holen sollte. Mit einer Sense durfte das Fahrrad nicht gefahren werden; auch mit den anderen Arbeitsgeräten war es nicht einfach, Fahrrad zu fahren. Das von Hand gezogene *Leiterwägele* war ein gern benutztes Transportmittel; mit dem leeren bergab zu sausen erfreute die Kinder. Auch sah man einrädrige Sackkarren oder zweirädrige Karren mit Doppeldeichsel, mit denen kleinere Mengen von Gütern mit »Menschenkraft« transportiert wurden.

Einen öffentlichen Personennahverkehr von und nach Isingen gab es nicht. Das Postauto bot, wenn ich mich recht erinnere, zwei Plätze an. Wenn man Glück hatte, konnte man bis Balingen mitfahren, unter Umständen auch mit dem Milchauto (wahrscheinlich kein offizielles Angebot, sondern eher ein Zusatzgeschäft für den Fahrer) nach Rottweil. Beide Fahrzeuge hatten, ihrer Bestimmung gemäß, viele Zwischenhalte, und die Fahrt zog sich hin. Das nächsterreichbare öffentliche Verkehrsmittel war der regulär verkehrende Postomnibus von Balingen nach Oberndorf mit einer Haltestelle am unterhalb von Rosenfeld gelegenen »Dreieck«, etwa zwei Kilometer von Isingen entfernt. Der Postomnibus fuhr in beide Richtungen nur morgens und abends, vor allem um die Auspendler zur und von der Arbeit zu bringen. Die nächstgelegenen Bahnstationen waren Balingen und Dotternhausen, letzteres an der ehemaligen Bahnstrecke Balingen– Rottweil gelegen. Beide waren mit einem strammen zweistündigen Fußmarsch zu erreichen. Nicht immer gelangte man pünktlich zur Bahnstation. Ich kam einmal verspätet in Dotternhausen an, wahrscheinlich weil ich einen Rodelschlitten mit einem riesigen, schweren Rucksack hinter mir herzog. Der nächste Zug fuhr erst sehr viel später. Deshalb machte ich mich entlang der Bundesstraße 27 auf den Weg nach Rottweil. Es war kurz vor Weihnachten, auf der Straße lag Schnee und es gab kaum Verkehr. So konnte ich, auf dem Rucksack sitzend, die Gefällstrecken vor Schömberg, an der Neukircher Steige und durch die Höllkurve zum Neckar vor Rottweil, hinunterrodeln und erreichte überglücklich in Rottweil noch einen Zug nach Schwenningen, der dort so rechtzeitig eintraf, dass ich die für den Abend geplante Weihnachtsfeier meiner Klasse nicht versäumte.

Das Nachrichtenwesen

In Isingen gab es 1950 drei Telefone: beim Bürgermeister im Rathaus, beim Pfarrer und einen öffentlichen Fernsprecher in der Poststelle im letzten Haus, an der tiefstgelegenen Stelle des Ortes Richtung Rosenfeld. Alle Gespräche waren handvermittelt. Telefoniert wurde sowieso nur ausnahmsweise, vor allem in Not- und Sterbefällen. Wer telefonieren musste, ging zur Poststelle. Das Gespräch wurde von der Frau des Posthalters angemeldet. Die Wartezeit – eher Stunden als nur Minuten – verbrachte man in deren Stube mit *Schwätzen*. Auch hörten selbstverständlich alle in der Stube Anwesenden das Gespräch selbst mit, wenn es dann endlich kam. Nach Beendigung des Gesprächs erfragte die Frau des Posthalters die fälligen Gebühren beim Fernmeldeamt und kassierte direkt. Ein ankommendes Gespräch wurde in der Poststelle angemeldet. Jemand aus der Familie des Posthalters, oft ein Kind, machte sich auf den Weg, um den gewünschten Gesprächspartner herbeizuholen. In der Regel gab es bei den Betroffenen eine riesige Aufregung, hektischen Aufbruch und großes Gerenne, galt es doch, rechtzeitig am Platz zu sein und sich darauf zu konzentrieren, dass man den Gesprächspartner auch tatsächlich verstand. Es war ja nicht nur das Telefonieren ungewohnt, sondern auch die Verständigung war meist sehr schlecht und durch viele laute Störgeräusche beeinträchtigt.

Die abgehende Post konnte in den Briefkasten geworfen oder bei der Poststelle abgegeben werden; dorthin brachte man auf jeden Fall die Päckchen und Pakete. Das Postauto kam täglich, nahm die ausgehende Post mit und brachte die eingehende in die Poststelle, von wo aus sie vom *Bott,* dem Posthalter und gleichzeitig Postboten, in die Häuser ausgetragen wurde. An kaum einem Haus gab es einen Briefkasten. Sofern die Post nicht persönlich ausgehändigt werden konnte, landete sie – meist unter der Haustüre durch – in der *Hausöhre*. Für ein etwas abseits liegendes Haus wurde die Post auch schon einmal einem Nachbarn oder einem Kind mitgegeben. Nicht aufschiebbare landwirtschaftliche Arbeiten im Nebenerwerbsbetrieb des Posthalters gingen manchmal dem Austragen der Post vor. So konnte es schon einmal passieren, dass die Post erst spät abends oder an einem Tag gar nicht ausgeliefert wurde, was niemand als besonders tragisch ansah. Aus Sparsamkeitsgründen wurden Nachrichten häufig auf Postkarten übermittelt, die damals nur halb so teuer wie Briefe waren. Der Posthalter nahm es mit dem Postgeheimnis nicht sonderlich genau, und so war er – auch wegen der mitgehörten Telefongespräche und der persönlichen Gespräche beim Austragen der Post – die bestinformierte Person im Ort. Er hielt mit seinem Wissen keineswegs hinterm Berg, war sogar stolz darauf, so viele Neuigkeiten verbreiten zu können. Und allzu sehr hat dieses Verhalten die Dorfbewohner auch nicht gestört, war man doch vor allem neugierig darauf, was es so aus dem Ort zu berichten gab, nahm auch an, dass man selbst zum Gerede wenig Anlass böte. Verwandte und Freunde wussten Bescheid; wenn eine Nachricht nicht öffentlich werden sollte, musste man einen Brief schreiben.

Guter Rat – Schäfer Irion und Jakob Vögele (Wagner) vor dessen Werkstatt in Rosenfeld

Die Zeitungen hatten damals gerade wieder damit begonnen, täglich zu erscheinen, nachdem sie nach dem Krieg nur zwei- bis dreimal pro Woche herausgegeben worden waren. Der in Balingen erscheinende »Volksfreund« und der »Schwarzwälder Bote« aus Oberndorf informierten über das Zeitgeschehen in aller Welt und über das, was in der näheren und weiteren Umgebung passierte. Über Isingen und seine Einwohner erschien eher wenig, hin und wieder ein kurzer Bericht über ein besonderes Ereignis, etwa eine Hochzeit oder einen achtzigsten Geburtstag. Beide Tageszeitungen druckten jeweils einen Roman in Fortsetzungen ab, der zumindest bei den jungen Frauen sehr beliebt war, zumal es in den Häusern kaum Bücher – schon gar nicht Romane der Trivialliteratur – gab.

Amtliche Bekanntmachungen wurden *ausgeschellt*. Meist gegen Abend, während der Stallarbeit, ging der *Schütz* durchs Dorf. Er trug eine Glocke mit hölzernem Stiel bei sich, hatte eine Kladde unterm Arm und eine Art Uniformmütze auf, die seinem Auftritt einen offiziellen Anstrich gab. An bestimmten, immer den gleichen Stellen des Dorfes – deren Entfernung ungefähr der doppelten Hörweite seiner Stimme entsprach – blieb er stehen und läutete mit seiner Glocke: Er *schellte aus!* Alle Personen im Umkreis unterbrachen ihre Arbeit, traten an die Fenster oder unter die Haus- oder Stalltüren. Nach einer kurzen Pause, in der er die Glocke unter den Arm klemmte, die Kladde in die Hand nahm und in der die Hörer sich konzentrieren sollten, eröffnete der *Schütz* seine Ansage mit dem Wort »Bekanntmachung«, wobei die Betonung auf einem langen »Bee« lag, dem eine kurze und schnelle »kannt machung« folgte. In einem mich immer wieder faszinierenden Singsang, mit manchmal recht eigenwilliger Betonung, las er zunächst den amtlichen Teil vor, wies also auf eine öffentliche Sitzung des Gemeinderats hin oder untersagte wegen Wassermangels ab sofort das Spritzen der Gärten mit dem Gartenschlauch. Im nachfolgenden, nicht amtlichen Teil lud er dann beispielsweise zu einer öffentlichen Hochzeit ein, etwa mit folgendem (fiktivem) Text: »Am Samstag, den 7. Juli, heiraten Erich Frommer, Sohn des Jakob Frommer und seiner Ehefrau Barbara, und Elise Höhn, Tochter des Reinhard Höhn und seiner Ehefrau Anna, beide aus Isingen. Die kirchliche Hochzeitsfeier findet um zwei Uhr in der Martinskirche statt. Anschließend wird im »Rössle« gefeiert. Die Gemeinde ist herzlich eingeladen!« Zum Zeichen, dass der »Staatsakt« beendet war, schlug der *Schütz* am Schluss noch einmal kurz seine Glocke an. Er hatte kein Mikrophon. Hin und wieder verschluckte er eine Silbe oder sie wurde vom Wind verweht. Glaubte man, etwas Wichtiges nicht richtig verstanden zu haben, ging man auf den *Schütz* zu und ließ sich den Teil der Bekanntmachung, der einem entgangen war, wiederholen. Während des Ausschellens mussten Fuhrwerke stehen bleiben und alle Lärm verursachenden Tätigkeiten, so zum Beispiel das Dengeln, eingestellt werden. Mit dem *Schütz* zog in der Regel eine mehr oder weniger große Kinderschar durchs Dorf, die stolz darauf war, damit sozusagen Teil einer Amtsperson zu werden. Gegen Ende der Tour konnten sie, wie übrigens der *Schütz* auch, oft die Texte auswendig, und wurden Zu Hause eventuell noch einmal danach befragt. Während des *Ausschellens* mussten sie sich ganz ruhig verhalten, sonst wären sie vom *Schütz* verjagt worden, was sie keinesfalls riskieren wollten.

Dorfsitten und Gebräuche

Alle Dorfbewohner, ob Jung oder Alt, sprachen sich gegenseitig mit einem vertraulichen und vertrauenden »Du« an, das *Dau* ausgesprochen wurde. Ausgenommen waren nur der Pfarrer und der Lehrer samt ihren erwachsenen Familienangehörigen. Man grüßte sich morgens und abends mit einem auf *Morga* und *Oabed* verkürzten »Guten Morgen« und »Guten Abend«. Traf man sich *untertags* auf der *Gass* oder kam man an einem Acker vorbei, auf dem jemand arbeitete, so wurde dem anderen die *Zeit bota* (die Zeit geboten), das heißt man artikulierte das, was der andere gerade tat, zum Beispiel *Durscht hacka?* oder, wenn zwei schon miteinander sprachen, *Hond'r an guata Roat?*. Solch ein Gruß war einerseits eine Art Ehrenbezeugung, die man nur verweigerte, wenn man mit dem anderen zutiefst zerstritten war und dies in der Öffentlichkeit auch dokumentieren wollte. Es war andererseits auch immer ein unverbindliches Angebot auf ein kleines Schwätzchen, das durch eine einfache Antwort »Ja« samt Weitergehen oder Weiterarbeiten abgelehnt, durch eine längere Antwort (»Ja, solange es noch nicht zu heiß ist.«) akzeptiert und erweitert werden konnte. Für das »Zeit bieten« gab es ungeschriebene Regeln, die aus Höflichkeit eingehalten werden mussten: Die Jungen hatten die Älteren, die Männer die Frauen, die neu Hinzukommenden die bereits irgendwo Arbeitenden anzusprechen. Kinder blieben dabei außen vor, und ich entsinne mich an das Gelächter, mit dem Erwachsene das »Zeit bieten« eines Kindes quittierten und zurück grüßten mit *Dau schwätscht ja schau wie an Alter*. Übrigens galten für die vielen Verwandten, die die Großfamilie Frommer im Dorf hatte, dieselben Regeln. Man grüßte sich, wenn man sich zufällig traf, keineswegs per Handschlag, sondern genauso, wie unter nicht verwandten Dorfbewohnern üblich.

Viele Verhaltensregeln bestimmten das Zusammenleben im Dorf. Sie waren nirgendwo kodifiziert, aber allen bewusst, und ihre Einhaltung unterlag einer strengen sozialen Kontrolle. Diese war nicht bemerkbar und wurde nur in ganz seltenen Fällen öffentlich sichtbar; schon der Gedanke, dass man sich eines möglichen Verstoßes würde schuldig machen, bewirkte, dass man das nicht regelgerechte Verhalten von vornherein bleiben ließ. Zur Illustration ein paar Beispiele:

Wenn alle Bewohner das Haus verließen, wurde die Haustür mit einem großen, wenigstens 15 Zentimeter langen Schlüssel abgeschlossen und dieser hinter einem Fensterchen neben der Haustür deponiert. Alle im Ort wussten, dass dies so war. Eine verschlossene Haustür bedeutete also schlicht und einfach, dass niemand zu Hause ist; kein Mensch wäre aber auf die Idee gekommen, den Schlüssel aus dem Fensterchen zu nehmen und in das Haus einzudringen. Durch das Hinterlegen des Schlüssels am bekannten Ort wurde sichergestellt, dass jeder, der in das Haus gehörte, jederzeit hineinkam – es gab ja nur den einen Schlüssel! Vielleicht steckte hinter dieser Sitte auch der Gedanke, dass in Notfällen, so bei einem Brand, der ausbrach, während niemand von der Familie anwesend war, die Nachbarn ungehindert helfen und retten konnten, was zu retten war.

Die wassergebundenen Ortsstraßen mussten jeden Samstag *gewischt* (gekehrt) werden. Die Reinigungspflicht bezog sich auf die ganze Länge des angrenzenden Grundstücks und bis zur Straßenmitte. Ob jemand dieser Pflicht ordnungsgemäß nachkam – ob also vor dem Kehren mit der Gießkanne gespritzt wurde, um unnötiges Aufwirbeln von Staub zu vermeiden, ob die ganze Fläche sorgfältig gereinigt wurde, ob die *Kehrete* richtig aufgenommen und beseitigt wurde – lag durch Ortssitte fest. Und das *Straßewischen* wurde nie in Frage gestellt, weder wenn während der Ernte wirklich keine Zeit dafür übrig blieb noch wenn sich kaum oder gar keine Verunreinigungen auf der Straße befanden, das *Wischen* also eigentlich völlig unnötig war.

Fuhr man mit dem hoch beladenen Garbenwagen vom Feld zurück, so wurde das Fuhrwerk beim *Bott,* also bevor es die Dorfstraße durch die *Musel* hinaufging, angehalten, um demjenigen, der auf der *Schlettere* (dem aus dem Wagengestell herausragenden hinteren Teil des Wagenbretts) saß, das Absteigen zu ermöglichen. Obwohl es sich dabei häufig um ältere Leute handelte, die oft sogar selbst Schwierigkeiten beim Gehen hatten, wollte man nicht den Zug, der sowieso hart ranmusste, zusätzlich belasten – wahrscheinlich für die Tiere eine kaum wahrnehmbare Entlastung, aber notwendig, um der Ortssitte zu genügen und das eigene Ansehen im Dorf nicht zu gefährden.

Die Adventszeit und die Karwoche wurden als so genannte *Stille Zeit* begangen, ebenso die *Losungstage* zwischen Weihnachten und Dreikönig. Sie wurden so genannt, weil nach einer überkommenen Regel das Wetter an jedem der zwölf Tage für das Wetter eines Monats des kommenden Jahres verantwortlich gemacht wurde. In diesen Zeiten fanden keine öffentlichen Lustbarkeiten statt, in den Lichtstuben ging es sehr ruhig zu (man sang höchstens kirchliche Lieder), die jungen Leute gingen nicht ins Kino und man konzentrierte sich auf die Ereignisse des Kirchenjahrs. Niemand wäre auf die Idee gekommen, in der Karwoche zu waschen; in manchen Familien galt das Waschverbot auch für die *Losungstage.* Verstöße gegen diese Beschränkungen hätten gegen die Ortssitte verstoßen, waren auch aus alter Überlieferung mit Unglück belegt, das sie über das Haus bringen könnten.

Zwei junge Menschen durften sich vor der offiziellen Verlobung nicht Händchen haltend oder gar sich umarmend im Dorf blicken lassen. Das hätte zumindest dem Ruf des Mädchens sehr geschadet. So waren sie darauf angewiesen, sich im Dunkel der Nacht heimlich zu treffen und sich dabei nicht erwischen zu lassen, oder bei den akzeptierten Gelegenheiten im Kreise anderer Jugendlicher – vor der *Molke* zum Beispiel – wenigstens Blicke und ein paar unverfängliche Worte zu wechseln. Ein Schlupfloch

Erste Bürgerpflicht: das samstägliche *Wischen* der Straße

Die gleichartigen Holzkreuze wurden in Leidringen vor dem Trauerzug zum Friedhof hergetragen und erst nach längerer Zeit durch Steingrabmale ersetzt.

Totengräber auf dem Isinger Friedhof

gab es allerdings schon, bezeichnenderweise nicht im Ort selbst, sondern sogar außerhalb der Gemarkung: Am Sonntag traf sich das junge Volk auf der neuen Straße bei der Burg im Rosenfelder Tal. Dort flanierten – Verkehr gab es sonntags so gut wie gar nicht – Jungen- und Mädchengruppen, auch schon einmal gemischte Gruppen auf und ab, dazwischen, besonders mutig, einzelne Paare.

Die Ortssitte verlangte vielerlei Formen der Nachbarschaftshilfe. Das begann damit, dass man die Nachbarn rasch zusammentrommeln konnte, wenn es galt, einen schweren Erntewagen in die etwas höher gelegene Scheuer zu schieben. Daran beteiligte sich auch selbstverständlich jeder, der zufällig vorbeikam und sah, was man vorhatte. Die Nachbarschaftshilfe bewährte sich in der täglichen Arbeit, etwa bei der Absprache über das gleichzeitige Mähen zweier nebeneinander liegender schmaler Felder, beim *Mahren,* also beim Zusammenspannen von zwei Einzelpferden vor der Mähmaschine oder dem Pflug, beim Schlachten, Dreschen oder bei der Ernte. Und natürlich gab es Nachbarschaftshilfe überall dort, wo es ohne sie überhaupt nicht mehr weitergegangen wäre: Wenn die Bäuerin wegen der Geburt eines Kindes ausfiel, wenn die wichtigste Arbeitskraft durch Krankheit oder Unfall nicht zur Verfügung stand, wenn Unglück im Vieh- oder Saustall Hilfe erforderlich machte oder gar das einzige Pferd lahmte. Soweit notwendig gab es in all diesen Fällen Nachbarschaftshilfe, ich glaube allerdings weit eher, weil man im Ort seinen guten Ruf wahren wollte, denn aus tief empfundener Nächstenliebe. Dies konnte man leicht aus Bemerkungen schließen, die bei solchen Gelegenheiten im Vertrauen auf die Verschwiegenheit des Gesprächspartners gemacht wurden, die man aber öffentlich nie geäußert hätte. Es war auch der Ehrgeiz der Begünstigten, möglichst bald die empfangene Hilfe wieder gutzumachen und eine angemessene Gegenleistung zu bieten. Man wollte eben nichts geschenkt bekommen und dafür ewig dankbar sein müssen. Nachbarschaftshilfe war aber nicht bezahlbar. Ohne gegen die Ortssitte zu verstoßen, durfte weder der Hilfe Bietende Geld annehmen, noch durfte man ihm eine Bezahlung anbieten.

Ein ganz besonderer Brauch war das Totenritual. Der Verstorbene wurde im Sarg im Trauerhaus aufgebahrt. Verwandte und Nachbarn teilten sich die Totenwache, bevor der Sarg, getragen von sechs Männern, meist Nachbarn, hinter dem Pfarrer den Leichenzug Richtung Kirche und Friedhof anführte. Aus jedem Haus schloss sich zumindest eine Person dem Trauerzug an. Zur Aussegnung versammelte sich die ganze Trauergemeinde um das Grab, bevor abschließend der Trauergottesdienst in der voll besetzten Kirche stattfand. Die Trauerfamilie saß in der ersten Bank beim vorderen Ausgang, direkt unter der Kanzel. Nach Abschluss des Gottesdienstes blieb die hintere Kirchentür verschlossen und alle Trauergäste verließen wohl geordnet, Bankreihe um Bankreihe, an der Trauerfamilie vorbei die Kirche, sodass diese genau sehen konnte, wer teilgenommen hatte und wer nicht. Beim anschließenden Kaffee mit Hefezopf war ein wichtiges Gesprächsthema, wer wen gesehen hatte und ob dieser oder jener tatsächlich nicht dabei war. Übrigens: 1950 trugen die älteren Männer bei solchen Gelegenheiten noch Zylinder. Bei der Beerdigung meiner *Ahne,* seiner Mutter, fiel mein Vater sehr unangenehm auf, weil er einen dunkelgrünen Filzhut trug. Mir ist auch noch gut in Erinnerung, wie mein Bruder und ich große Mühe hatten, unangebrachte Lachkrämpfe zu unterdrücken, weil die Männer beim Verlassen der Kirche direkt vor uns ihren Chapeau claque gegen die Kirchenbank schlugen, um den Zylinder zu entfalten und aufzusetzen.

Gemeindepolitik

Der erste, nach dem Zweiten Weltkrieg frei gewählte und 1950 amtierende Bürgermeister der Gemeinde Isingen war der Bauer Karl Gühring, der dieses Amt schon innegehabt hatte, bevor er zum Kriegsdienst eingezogen wurde. Dem *Schultes* stand ein Gemeinderat zur Seite, bestehend aus acht Männern und keiner Frau. Sieben von ihnen waren ebenfalls Haupterwerbslandwirte, nur einer stand, allerdings nicht in Isingen, in abhängiger Arbeit. Der Gemeinderat bildete so die in allen Köpfen präsente Dorfhierarchie ab. Die angesehenen Bürger waren eben noch die Bauern, die stolz auf ihren Besitz, ihre Unabhängigkeit und Selbständigkeit waren, und die, ohne dass sie sich das anmerken ließen oder darauf pochten, wie das in anderen Gemeinden durchaus der Fall war, auf die Nebenerwerbslandwirte und die Arbeiter herabsahen. Diese soziale Binnenstruktur änderte sich im Verlauf der fünfziger Jahre rasch. Die Lohnempfänger konnten sich mit dem Geld, das sie durch abhängige Arbeit verdienten, Renovierung und Sanierung ihrer Wohnungen, schnelle Modernisierung ihrer Nebenerwerbslandwirtschaft mit allen möglichen Maschinen, Motorisierung, modische Kleidung und vieles mehr leisten, weil sie trotzdem alles, was sie für das tägliche Leben brauchten, noch selbst anbauten. Den Bauern fehlten die regelmäßigen Bareinkünfte. Wurde ein Stück Vieh verkauft, so versuchten sie, mit dem Erlös Land zuzukaufen oder ihren Betrieb zu modernisieren. Aber die ersten Traktoren und Melkmaschinen schafften sich nicht die Bauern, sondern die Nebenerwerbslandwirte an, nicht zuletzt, um ihren Frauen, an denen die Hauptlast des landwirtschaftlichen Kleinbetriebs hing, die Arbeit zu erleichtern. Auch waren die Bauern fest eingebunden in die ehrwürdige Tradition, ihre Töchter mit einem angemessenen Hochzeitsgut auszustatten, was eine finanzielle Herausforderung ohnegleichen bedeutete und keine Parallele bei den Bräuten aus Arbeiterfamilien fand.

Der Gemeinderat wurde über eine Einheitsliste gewählt und war nicht parteipolitisch organisiert. Einzelne Gemeinderäte, so auch mein Onkel Martin, waren wohl aus einer tief empfundenen, christlich geprägten politischen Verantwortung heraus Mitglieder der CDU, ohne dass dies in der Gemeindepolitik eine Rolle gespielt hätte. Die Geschäfte der Gemeinde führte Rudolf Ruoff (*Ruoffe Rudel*), offiziell Amtsbote, inoffiziell rechte Hand des Bürgermeisters und zuständig für alles, was die Gemeinde betraf. Die Polizeigewalt im Ort lag beim *Schultes*. Sie wurde innerhalb des Ortes vom *Schütz* (Amtsboten) und außerhalb vom *Feldschütz* wahrgenommen. Außerdem stand dem Bürgermeister der *Fronmeister* zur Seite, der bestimmte, wer welche Aufgaben für die Gemeinde erledigen musste. Für wirklich kriminelle Vergehen wurde der Rosenfelder Polizeiposten herangezogen, was aber damals selten oder nie erforderlich war.

Öffentliche Einrichtungen der Gemeinde waren neben Rathaus und Schule der Farrenstall, das Backhaus, die Milchsammelstelle und die Darre. Sie alle wurden gegen eine geringe Aufwandsentschädigung ehrenamtlich betreut. *Hagenwärter* war der erst 1947 aus der Kriegsgefangenschaft zurückgekommene Karl Schuhmacher. Das Futter für die Farren stammte von gemeindeeigenen Wiesen. Heu und Öhmd wurden durch Frondienste eingebracht und im Rathaus, das einen Ökonomieteil mit dem *Hagenstall* hatte, eingelagert. Auch das Holz, das die Gemeinde für die Heizung der Schule und des Rathauses benötigte, wurde im Frondienst geschlagen und zugesägt, wobei eine gewisse Entlohnung der im Gemeindewald Arbeitenden darin bestand, dass sie das selbst benötigte Brennholz gleich mitschlagen konnten. Das Holz für die Schule, ungefähr dreißig Raummeter pro Jahr, spaltete der *blinde Jakob* (Vögele), und die Schüler mussten es (während ihrer Schulzeit!) auf die Bühne der Schule tragen, wo es richtig austrocknen konnte. Alle Bürger Isingens bekamen zur Hochzeit von der Gemeinde etwa 30 Ar *Almetteile* (Teile vom Gemeindeland) in Erbpacht, die meist auf dem Heuberg, also oberhalb vom *Eschwald* und damit weit vom Ort weg lagen. Ihre Größe war so berechnet, dass sie bei ordentlicher Bewirtschaftung zwei Personen ein Jahr lang ernähren konnten.

Die Wasserversorgung Isingens war über einen Zweckverband gesichert, der aus Quellen bei Aistaig Schwarzwaldwasser in das Wasserreservoir auf dem *Schömberg* pumpte. Nur in extrem heißen Sommern war dieses zu klein und es kam zu Versorgungsengpässen. Denen versuchte man durch verordnete Einschränkungen des Wasserverbrauchs zu begegnen, damit wenigstens morgens und abends für das Tränken des Viehs genügend Wasser zur Verfügung stand. Immer noch spielten die öffentlichen Brunnen im Ort, der eine *im Dorf*, der andere in der *Musel* beim »Rössle«, der dritte gegenüber der »Traube« für die Wasserversorgung eine wichtige Rolle. Manches Fuhrwerk steuerte beim Hinausfahren zunächst einen der Brunnen an, um die Pferde saufen zu lassen; von den benachbarten Höfen wurde das Vieh zum Tränken an die Brunnen getrieben und oft traf man dort Leute, die entweder aus dem Trog Wasser schöpften oder Eimer mit frischem Wasser voll laufen ließen. Die Gemeinde hatte sich also neben der Wasserversorgung durch das Leitungsnetz immer auch um die Brunnen zu kümmern, damit diese voll funktionsfähig blieben. Im Übrigen gab es in manchen Bauernhäusern, so auch bei meinem Onkel Martin, noch Brunnenstuben aus der Zeit vor der öffentlichen Versorgung mit Wasser. Sie waren zwar offiziell nicht mehr zugelassen; in Notzeiten konnte man aber eigenes Wasser, natürlich im Handbetrieb, hochpumpen.

Abfallwirtschaft war zu dieser Zeit in Isingen kein Thema. Kunststoffe gab es noch kaum, Verpackungsglas, gleichgültig ob Flaschen oder Einmachgläser, war ein kostbares Gut, das sorgfältig gereinigt und aufbewahrt wurde. Das Zeitungspapier wurde, soweit man es nicht zum Einpacken, beispielsweise von Eiern für den Versand, benötigte, klein geschnitten und als Klopapier verwendet – übrigens keine sehr angenehme Lösung! Kartons waren selten und man ging sehr sparsam mit ihnen um. Für den Versand von Gütern war es üblich, einen Korb zu packen, der mit einem Stück Rupfen zugenäht und per Express verschickt wurde. Küchenabfälle verfütterte man an die Schweine, andere verrottbare Abfälle kamen auf die *Miste*. Abfallholz wurde klein gemacht und verbrannt; Metallteile aller Art bewahrte man auf, für den Fall, dass man sie wieder verwenden könnte. Alte Nägel zog man mit der Zange aus dem Holz und klopfte sie wieder gerade. Die in Gebrauch befindlichen Emailleschüsseln und -töpfe waren fast alle angeschlagen. Ausrangiert wurden sie erst, wenn man sie für einen anderen Zweck, vielleicht als Wassertrog im Hühnergarten, brauchte oder wenn sie wirklich ein Loch bekommen hatten. Dann landeten sie beim Lumpensammler, der ein- oder zweimal pro Jahr durchs Dorf fuhr und mit einer Glocke und dem Ruf »Lumpen, Alteisen, Papier« auf seine Anwesenheit und seine Geschäftsabsichten aufmerksam machte. Eine angeschlagene Tasse verwendete man weiter, solange sie ihren Zweck noch erfüllte, und eine gesprungene Schüssel wurde geklebt. Erst wenn Porzellan-, Steingut- oder Tongeschirr gänzlich unbrauchbar geworden war, zerdepperte man es vollends und verwendete es meist zur Festigung der *Gartenwegle*.

Die freiwillige Feuerwehr verfügte über eine mechanische Spritze, die im Schulhaus im Feuerwehrraum untergebracht war. Die zehn bis fünfzehn Feuerwehrleute trafen sich regelmäßig zu Übungen. Im Ernstfall musste die von zwei Personen von Hand zu bedienende Pumpe auf einem Karren zum Brandherd gezogen werden. Soviel ich weiß, gab es um die Berichtszeit keinen größeren Brand in Isingen. Hätte wirklich einmal ein Bauernhaus gebrannt, so hätte sich die Feuerwehr wohl hauptsächlich auf das Retten von Personen, Vieh, Fahrnis und wertvollen Gegenständen aus der Wohnung und auf den Schutz von Nachbargebäuden beschränken müssen, denn gegen eine Feuersbrunst, wie sie sich in einem mit Heu und Stroh bis unter den First gefüllten Bauernhaus entwickelt, hatte sie nie eine Chance, schon gar nicht im Sommer, wenn das Wasser sowieso knapp war.

Sozialhilfefälle, wie man heute sagen würde, wurden im Armenhaus, dem ehemaligen Schafstall untergebracht. Als 1946 die ersten Flüchtlinge zugewiesen wurden, baute die Gemeinde dort einfache Wohnungen ein. Der große Zustrom 1947/48 konnte im Schafstall und in den alten, nicht mehr bewohnten Bauernhäusern des Ortes nicht untergebracht werden. Die Wohnungen in den bewohnten Häusern waren für eine Aufteilung absolut ungeeignet. So entschloss sich die Gemeinde, ein Mehrfamilienwohnhaus in der Mühlsteige, ganz unten im Tal Richtung Rosenfeld zu bauen. Dafür wurde – kurz nach der Währungsreform! – von allen Bürgern ein zinsloses Darlehen erhoben. Die Isingen zugewiesenen Flüchtlinge kamen aus dem Banat, waren evangelisch, stammten aus bäuerlichen Verhältnissen und galten als fleißig. Natürlich kam es bei den engen räumlichen Verhältnissen im »Flüchtlingshaus« zu Streitigkeiten, aber obwohl die Flüchtlinge ein Sechstel der Bevölkerung ausmachten, war ihre Integration, wohl auch im Blick auf ihre Herkunft, im großen Ganzen problemlos. 1950 hatten sie, soweit sie dies wollten, *Almetteile* zur Bewirtschaftung bekommen und betrieben bereits Kleinlandwirtschaften, die sie wenigstens ernährten. Mit beginnendem Wirtschaftswunder fanden sie Arbeit, wenn auch selten in Isingen. Zusammen mit den einsetzenden Lastenausgleichszahlungen führte dies dazu, dass 1953 der erste private Neubau nach dem Krieg von den Flüchtlingsfamilien Voll und Schwarz erstellt wurde. Dieses Doppelhaus gab dann doch zu etwas Missgunst und einigem Gerede Anlass! Insgesamt aber lebte man gut zusammen, was auch daraus ersichtlich wird, dass es zu Ehen zwischen den Bevölkerungsgruppen kam.

Die Schule

Das Schulhaus war Ende des neunzehnten Jahrhunderts erbaut worden und im Wesentlichen bis 1950 unverändert geblieben. Es hatte zwei Schulräume, die auf einem Stockwerk zu beiden Seiten eines Mittelganges nebeneinander lagen; in dem einen wurden die »Kleinen« (Klasse 1 bis 4), im anderen die »Großen« (Klasse 5 bis 8) unterrichtet, jeweils etwas über dreißig Schülerinnen und Schüler, die in fest montierten zweisitzigen Schulbänken in drei Reihen dem erhöhten Lehrerpult gegenüber saßen. Außer einer Wandtafel – und einem Demonstrations-Sandkasten bei den Kleinen – gab es keine Lehrmittel. An den Innenwänden (ohne Fenster) wurden je nach

Eine Leidringer Schulklasse hat sich auf den Treppenstufen vor der Schultür aufgestellt.

Thema zum Teil vom Zahn der Zeit recht mitgenommene und oft recht veraltete Schautafeln aufgehängt; auch zwei oder drei Landkarten standen für den Erdkundeunterricht zur Verfügung. Im Winter beheizte man die beiden Schulräume mit je einem übermannshohen Eisenofen; diese hatten einen Durchmesser von etwa einem Meter und wurden mit Holz befeuert. Die Hitzestrahlung in der Ofenecke war oft so groß, dass sich die Kinder von dort wegsetzen mussten, während die in der entgegengesetzten Ecke des Klassenzimmers noch immer froren. In beiden Schulräumen gab es je eine Wasserschüssel auf einem Hocker für das Auswaschen des Lappens, mit dem die Tafel abgewischt wurde. Wasserhahn und Ausguss waren auf dem Gang zwischen den Klassenzimmern. Der Abtritt befand sich in einem kleinen Anbau hinter dem Schulhaus und hatte keinen Wasseranschluss. Im Pissoir waren die Wände mit einem schwarzen Teeranstrich versehen und der Wand entlang führte ein offener Ablauf. Im oberen Stockwerk des Schulhauses, also über den Klassenzimmern, war die Lehrerwohnung untergebracht. Das Holz zum Heizen lag auf der Bühne; es wurde im Winter von damit beauftragten Schülerinnen und Schülern in Körben über die Treppen durch die Lehrerwohnung in die Schulzimmer hinuntergetragen.

Der Unterricht fand beinahe nur vormittags zwischen halb acht und zwölf Uhr statt. 1950 war Johannes Schwenk Schulleiter, ein sehr begabter Pädagoge, der wohl durch sein Entnazifizierungsverfahren nach Isingen verschlagen worden war und dort auch nur kurze Zeit blieb. Mit ihm kam seine Tochter Ursula, die, obwohl sie wahrscheinlich weder eine ausgebildete Lehrerin war noch für ihre Tätigkeit bezahlt wurde, die »Kleinen« übernahm, sodass die zweiklassige Schule über zwei Lehrpersonen verfügte. Im Unterricht selbst ging es hauptsächlich um das Lesen-, Schreiben- und Rechnenlernen. Die »Kleinen« schrieben mit Griffeln auf die Schiefertafel, die »Großen« mit Feder und Tinte aus dem Tintenfass, das in der Mitte jeder Schulbank eingelassen war, ins Heft. Innerhalb der beiden Schulräume wurde der Unterricht »binnendifferenziert«: Solange sich die Lehrerin oder der Lehrer intensiv mit einer Gruppe, beispielsweise den Erstklässlern beschäftigte, hatten die anderen, häufig noch einmal nach Jahrgang unterschieden, selbständig Aufgaben zu bearbeiten. Deren richtige Erledigung wurde im Nachhinein, oft durch Austausch der Lösungen zwischen den Schülern, von diesen selbst kontrolliert. Was man heutzutage für pädagogisch wünschenswert hält und künstlich versucht, in Jahrgangsklassen wieder einzuführen – Gruppenunterricht, Schüleraktivität, Selbstverantwortung –, war damals die einzig mögliche Form erfolgreichen Unterrichtens an kleinen Dorfschulen! Heimatkunde, Sachkunde und Religion ergänzten den Unterricht; Singen, Zeichnen und Turnen liefen eher am Rand mit.

Seit 1948 war die Isinger Volksschule Evangelische Bekenntnisschule, eine Änderung, die den Bürgern, die ja alle evangelisch waren, kaum bewusst wurde. Den Religionsunterricht gab Pfarrer Dr. Scheuermann, der als recht streng galt und der großen erzieherischen Einfluss auf die Heranwachsenden hatte – nicht zuletzt auch durch den Zuhörer- und Konfirmandenunterricht sowie die Christenlehre. Dem Schulleiter, Johannes Schwenk, lag die Verbindung von Sachunterricht und praktischem Tun besonders am Herzen; wiederum eine sehr modern anmutende pädagogische Konzeption! So ließ er im Schulgarten jeden Schüler sein eigenes »Ländle« betreuen, indem dieser vom Vorbereiten des Bodens über das Aussäen, das Pflanzen, das Unkrautjäten bis zum Ernten für alle Arbeiten allein zuständig war. Auf Lerngängen lernten die Schüler beispielsweise die verschiedenen Grassorten kennen und benennen. Die Heimatkunde wurde durch Ausflüge in die nähere und weitere Umgebung bereichert. Der Sportunterricht fand bei gutem Wetter im Schulhof, zwischen Schule und Rathaus gelegen, statt und bestand hauptsächlich in der Durchführung verschiedener Spiele. Etwas Gymnastik gab es auch hin und wieder im Klassenzimmer bei geöffnetem Fenster.

Vieles vom Drum und Dran des Schullebens war von langjährigen Traditionen geprägt. So lagen die Zeiträume für die Ferien nicht wie heute durch Verordnung fest. Je nachdem, ob Heu-, Getreide- oder Kartoffelernte, abhängig von der Witterung, früher oder später anstanden, wurden auch die Ferien entsprechend angesetzt, da die Schulkinder in der Erntezeit als zusätzliche Arbeitskräfte in der Landwirtschaft dringend benötigt wurden. Nicht aufschiebbare Arbeit, die auch von niemand anderem erledigt werden konnte, war als Entschuldigungsgrund für das Fernbleiben von der Schule zur Not ebenfalls akzeptiert. Die Mädchen trugen Schulschürzen, die sie sofort nach der Schule wieder auszogen, damit sie schön sauber blieben. Die Schuhe mussten für die Schule immer geputzt sein. Der Lehrer kontrollierte dies – übrigens auch, ob man ein Taschentuch mit dabeihatte – und, wehe, man hatte auf dem Schulweg nicht aufgepasst und war durch Dreck oder Pfützen gegangen. Irgendeine Form der Bestrafung – bei Jungen oft auch körperliche Züchtigungen – war einem dann sicher, und niemand nahm daran Anstoß, am wenigsten die Schülerinnen und Schüler selbst. Der Schulhof wurde in den Pausen peinlich sauber gehalten; man hatte auch nicht viel, was man hätte wegwerfen können. Am Ende des Unterrichts kehrten Schüler die Klassenzimmer aus. Sie sorgten von sich aus dafür, dass keiner durch unzureichend gereinigte Schuhe allzu viel Schmutz hineintrug.

Junge »Männer« starten zum Pfingstausflug.

Im Dachgeschoss der Schule wohnte das Fräulein Wied, das irgendwann im Krieg nach Isingen gekommen und dann dort gestrandet war. Sie bot in den Wintermonaten abends zwischen sieben und neun Uhr eine Art *Liechtstube* für Mädchen an. Sie wurden von ihr zum Stricken angeleitet und sie machte Spiele mit ihnen. Am schönsten aber war, dass sie ihnen vorlas, Kindergeschichten von Johanna Spyri, Agnes Sapper und anderen. Die Mädchen gingen sehr gern zu ihr; sie erhielt keine Bezahlung, aber den Kindern wurden oft Naturalien für sie mitgegeben. Meine Base Gertrud weiß noch heute zu erzählen, wie traurig sie darüber war, als sie nicht mehr zum Fräulein Wied gehen konnte, weil sie zu der Zeit das Melken der Kuh ihrer (und meiner) *Ahne* übernehmen musste, die es altershalber nicht mehr konnte

Nur wenige Schüler wechselten nach dem vierten Schuljahr in die Rosenfelder »Realschule«: einem – nach heutiger Bezeichnung – Progymnasium, in dem alle Schüler der ersten vier Klassen zusammen von einem Lehrer, von Hermann Bizer (von dem auch die Bilder in diesem Band stammen) in allen Fächern unterrichtet wurden. Der weitere Bildungsweg zum Abitur führte über die Klassen fünf und sechs des Progymnasiums Balingen an die gymnasiale Oberstufe in Hechingen oder Tübingen. Er wurde nur selten beschritten, nicht nur wegen des Schulgeldes, das man bezahlen musste, sondern vor allem auch wegen der schlechten Verkehrsanbindung und der notwendig werdenden auswärtigen Unterbringung. Die meisten Jugendlichen schlossen die Volksschule in Isingen ab und hatten damit ihre achtjährige Schulpflicht erfüllt. Soweit sie anschließend eine Lehre absolvierten, besuchten sie drei Jahre lang die Berufsschule, meistens in Balingen. Die Mädchen erhielten in der Regel keine Ausbildung in einem Lehrberuf. Sie arbeiteten im elterlichen oder »dienten« in einem fremden Haushalt. In dieser Zeit besuchten sie an einem Tag pro Woche die Haushaltungsschule in Rosenfeld. Die zukünftigen Bauern gingen, neben ihrer Arbeit im elterlichen Betrieb, für drei Jahre in die Landwirtschaftsschule nach Balingen. Ihre besondere fachliche Qualifikation erwarben sie durch den anschließenden Besuch der so genannten Winterschule. Die in diesen zwei Jahren gewachsenen Bindungen an Mitschüler und Schule hielten oft ein ganzes Leben lang. Man traf sich jährlich zur Fortbildung in Seminaren oder auf Exkursionen, und noch heute, nach über fünfzig Jahren, beteiligt man sich gerne an den Veranstaltungen, die für die »Ehemaligen« durchgeführt werden.

Die Kirche

In Isingen war man im Jahr 1950 besonders stolz auf die in den Jahren 1947/48 erfolgte Innenrenovierung der in der Bausubstanz aus dem 15. Jahrhundert stammenden gotischen Martinskirche. Besonders stolz, weil man dies in einer Zeit größter materieller Not und noch vor der Währungsreform, nach der für lange Zeit dafür keine Mittel mehr zur Verfügung gestanden hätten, geschafft hatte. Ein baulicher Missstand war damit endlich behoben, der seit Jahrzehnten die Gottesdienstbesucher *genierte*. Dass die

Renovierung zu diesem Zeitpunkt gelang, war vor allem der Tatkraft des damaligen Pfarrers Dr. Scheuermann (später Herausgeber des Württembergischen Gemeindeblatts) und dessen guten Beziehungen zu Rohrbach-Zement in Dotternhausen zu verdanken, aber auch dem großen Engagement der Isinger Bürger. Noch heute erzählt mein Vetter Eugen, wie er und mein Vater, der damals Lehrer in Oberndorf war und seine Ferien in Isingen verbrachte, unter schwierigen Umständen auf dem Gerüst kniend oder liegend, alten Putz mit dem Maurerhammer abgeschlagen und den Schutt in Eimern aus der Kirche getragen haben. Die für die Auffrischung und Konservierung der alten Holzdecke des Kirchenschiffs notwendigen 500 Eidotter wurden von Gemeindemitgliedern gespendet, eine großartige Leistung, wenn man bedenkt, dass zu dieser Zeit die Hühnerhaltung streng bewirtschaftet war und eine Ablieferungspflicht für Eier bestand. Die Neueinweihung im April 1948 war ein bewegendes Ereignis, ein Symbol des Wiedererstarkens materieller und moralischer Kräfte nach dem Desaster des Krieges und des Nationalsozialismus. Von Schwenningen, wo wir damals wohnten, fuhren mein Vater, mein Bruder Heiner und ich in aller Herrgottsfrühe mit dem Zug über Rottweil nach Dotternhausen und marschierten von dort nach Isingen, nur um in der überfüllten Kirche keinen Sitzplatz mehr zu bekommen. Vielleicht hat mich deshalb so beeindruckt, was der Pfarrer in seiner Begrüßung sagte: »Heute bewahrheitet sich wieder einmal eine alte Regel: Wenn alle in die Kirche kommen, gehen nicht alle hinein; wenn aber nicht alle kommen, gehen alle hinein.«

Die Kirche stand damals wirklich im Dorf, mitten im alltäglichen Dorfleben, das ohne die Turmuhr, den Glockenschlag und das Läuten gar nicht hätte geregelt ablaufen können! Kaum jemand besaß nämlich eine Armbanduhr, und die meist goldenen Taschenuhren der Bauern – entweder ein Konfirmationsgeschenk oder, öfter, ein Erbstück – gehörten mit Uhrkette zur Weste des Sonntagsanzugs und wurden nie werktags getragen. Das Läuten der Glocken geschah von Hand und wurde teils von der Mesnerin Christine Schmid, teils von dafür eingeteilten Konfirmanden besorgt. Im Erdgeschoss des Turmes war nach dem Umbau der Kirche die Sakristei untergebracht, im Raum darüber hingen durch je ein Loch in der Zwischendecke die Seile herunter, mit denen die drei Glocken bewegt werden konnten. Manchmal durften die Kinder beim Läuten helfen. Es kostete viel Kraft, die Glocken zum Schwingen zu bringen. Überglücklich war ein Kind, wenn es ihm gelang, sich am Glockenseil festhaltend durch den Schwung der Glocke bis nahe an die Decke hochziehen zu lassen. Das Morgenläuten um viertel vor sechs war das allgemeine Signal zum Aufstehen, um elf Uhr gab es das Vesperläuten, bei dem spätestens die Feldarbeit abgebrochen und der Heimweg zum Morgenvesper angetreten wurde. Ein Mittagsläuten um zwölf Uhr gab es nur in katholischen Gemeinden; in Rosenfeld ertönte zur Mittagszeit das etwas armselige Rathausglöckchen. Nachmittags wurde im Winter um drei, im Sommer um vier Uhr geläutet; dann war es Zeit, die Arbeit in Feld, Wiese und Wald abzuschließen oder zu unterbrechen und sich auf den Heimweg zu machen. Das Betzeitläuten, winters um halb sieben, sommers um halb acht Uhr, markierte den Beginn des Feierabends. Alle Kinder mussten zu diesem Zeitpunkt zu Hause sein. Meinem Onkel Martin gelang es selten, bis zum Abendläuten – wie eigentlich vorgesehen – mit seiner Arbeit fertig zu sein. Dagegen saß mein Onkel Jakob – auch während der härtesten Erntezeit – zum Betzeitläuten immer schon auf seinem Bänkchen vor dem Haus. Anschließend ging er in die Stube, um noch ein bisschen Zeitung, in der Bibel oder in einem Erbauungsbuch zu lesen, und dann früh zu Bett, um am nächsten Morgen gut ausgeschlafen und fit für die Arbeit zu sein. Außer auf das Läuten achtete man überall, wo man war, ob im Stall oder in der Scheuer, im Dorf oder auf dem Feld, auf den Glockenschlag der Kirchturmuhr, die alle Viertelstunden mit einem, zwei oder drei Schlägen ankündigte, die volle Stunde mit vier Schlägen und den nachfolgenden Schlägen der zweiten Glocke, je nachdem, um welche Uhrzeit es sich handelte. War die Windrichtung ungünstig, so musste man sehr genau hinhören; nicht selten wurde dann die Feldarbeit unterbrochen, um störende Nebengeräusche zu vermeiden. Von den meisten Feldern der Gemarkung aus war die Kirchturmuhr sichtbar und die Uhrzeit konnte direkt abgelesen werden. Allerdings wurde dies bei größeren Entfernungen oft recht schwierig, weil die Stellung der Zeiger kaum mehr zu erkennen war. Dann kam es schon vor, dass mein Onkel mich damit beauftragte, weil ich die »jüngeren« Augen hätte!

Der sonntägliche Gottesdienst in der Kirche war gut besucht. Eine Besonderheit, die sich bis zum heutigen Tag gehalten hat, war, dass in Isingen die Männer auf der Empore und die Frauen im Kirchenschiff saßen. Ohne dass es dafür besondere Kennzeichnungen gegeben hätte, besetzten die einzelnen Familien immer die gleichen Kirchenbänke. Es ist also sowohl dem Pfarrer als auch den anderen Gemeindemitgliedern sofort aufgefallen, wenn eine Familie im Gottesdienst nicht vertreten war – eine sehr wirksame Form der sozialen Kontrolle! Der Gottesdienst selbst folgte der schlichten Ordnung der Evangelischen Landeskirche in Württemberg. Im Mittelpunkt stand eine für heutige Verhältnisse sehr lange Predigt, die bis zu einer Stunde dauern konnte. So nimmt es nicht wunder, dass, vor allem in der Erntezeit, der eine oder andere Bauer schon einmal einschlief, was ihm eine öffentliche Ermahnung eintrug, wenn der Pfarrer es bemerkte! Die Predigt wurde umrahmt von Gemeindegesang und Gebeten. Die Lieder begleitete die langjährige Organistin, die *Krausen Berta,* die mit ihrem Orgelspiel das Tempo und die Rhythmisierung des Gesangs, nicht immer ganz notengerecht, vorgab. Die Luftzufuhr für die Orgel geschah noch über einen mechanischen Blasebalg, der von dafür eingeteilten Konfirmanden getreten wurde. Sie trieben nicht selten während des Gottesdienstes irgendwelchen Unfug hinter der Orgel und störten damit die Andacht; auch ging der Orgel hin und wieder die Luft aus, weil der Balg zu lasch getreten wurde. Die Opferbüchse stand am Ausgang der Kirche, sodass niemand an ihr vorbeigehen konnte, ohne dass nicht andere gesehen hätten, ob er tatsächlich etwas eingeworfen hatte. An Feiertagen traten im Gottesdienst zusätzlich der Männerchor und/oder der gemischte Chor des »Liederkranzes« auf, was die enge Verbindung von Kirchen- und bürgerlicher Gemeinde deutlich machte; einen eigenen Kirchenchor hat es in Isingen nie gegeben. Mitglieder der zum Teil deutlich pietistisch geprägten Familien trafen sich zusätzlich am Sonntagnachmittag in Rosenfeld in einem Bauernhaus zur so genannten *Stund.* Dort sangen die *Stundenleute* »ihre« Lieder, die nicht oder nicht mehr im Kirchengesangbuch standen, dort lasen sie in der Lutherbibel und legten nach bestem Wissen und Gewissen die Textstellen aus, ohne dass ihnen dabei ein studierter Theologe zur Seite stand.

Das Angebot der Kirche für Kinder und Jugendliche umfasste den Kindergottesdienst, den Zuhörer- und Konfirmandenunterricht sowie die Christenlehre. Die Kinderkirche fand am Sonntag nach dem eigentlichen Gottesdienst statt. Wenn die Erwachsenen die Kirche verließen, standen vor dieser schon die Kinder im Sonntagskleidchen und Sonntagsanzug. Es waren so um die dreißig, eben alle Kinder des Dorfes zwischen vier und zwölf Jahren. Sie wurden nach Geschlecht und Alter getrennt und in drei bis vier Gruppen von Kinderkirchen-Helferinnen betreut. Wie man biblische Geschichten den Kindern spannend erzählen konnte, erfuhren die Helferinnen am Freitagabend bei einem Vorbereitungstreffen im Pfarrhaus. Und sie beherrschten in der Regel ihre Sache gut: Die Kinder wollten ihre Kirche keinesfalls versäumen!

Die Vorbereitung auf die Konfirmation dauerte damals in der Landeskirche zwei Jahre. Der wöchentlich zweistündige Unterricht an einem Nachmittag fand allerdings nur im Winterhalbjahr statt, nach den Herbstferien bis zu den Osterferien. Von den Konfirmandinnen und Konfirmanden wurde erwartet, dass sie während der ganzen Zeit regelmäßig am Gottesdienst teilnahmen. Auch sie hatten in der Kirche ihre Bank und die ihnen zugewiesenen Plätze, sodass leicht festzustellen war, ob jemand fehlte. Die oft lange und nicht für Jugendliche konzipierte Predigt reizte vor allem die Jungen zu unzulässigen Aktivitäten, was dann prompt von der Kanzel aus öffentlich gebrandmarkt wurde und für die Betroffenen meist noch ein unangenehmes Nachspiel zu Hause hatte. Im Zuhörer- (erstes Jahr) und im Konfirmandenunterricht (zweites Jahr) lehrte der Pfarrer biblische Geschichte und vor allem den lutherisch-brenzschen Katechismus, der in Frage- und Antwortform im Konfirmandenbüchlein gedruckt vorlag. Viel Zeit

Ein Festtag: die Konfirmation (vor der Kirche in Leidringen)

wurde darauf verwendet, die vorgegebenen Texte wörtlich auswendig zu lernen und sie abzufragen. Höhepunkt war dann zu guter Letzt die Konfirmationsfeier, deren Hauptteil darin bestand, dass vor der Einsegnung die Konfirmanden und Konfirmandinnen einzeln und im Chor die vorgeschriebenen Antworten auf die Fragen des Katechismus korrekt wiedergeben mussten. Alle Verwandten und Bekannten waren stolz, wenn der Konfirmand laut und deutlich sprach, und hofften, dass er nicht – und wenn auch nur vor lauter Aufregung – bei seiner Antwort stecken blieb. Man hätte das als eine Blamage für die ganze Familie empfunden! Mit der Konfirmation, zu der man vor allem von den Paten, aber auch von Verwandten und Bekannten, Geschenke bekam, hatten die Jugendlichen nach tradierter Auffassung die Schwelle zum Erwachsenenalter überschritten und wurden im Dorf nicht mehr wie Kinder behandelt. Ein weiteres Indiz für die noch starke Verschränkung des kirchlichen und des bürgerlichen Lebens in Isingen zu dieser Zeit.

Nach der Konfirmation besuchten die jungen Leute noch zwei Jahre lang die Christenlehre. Sie fand am Sonntag im Anschluss an den Gottesdienst statt. Von den Jugendlichen wurde erwartet, dass sie vorher in der Kirche waren. Inhaltlich versuchte der Pfarrer das im Konfirmandenunterricht Erlernte in der Christenlehre zu festigen und zu vertiefen. In der Christenlehre sah man wohl die einzig angebrachte Form evangelischer Jugendarbeit im Dorf!

Die großen Ereignisse im Leben des Dorfes waren die Hochzeiten. Während sich Taufen und auch Konfirmationen nach der kirchlichen Feier im engeren familiären Rahmen abspielten, waren die Hochzeiten in der Regel eine öffentliche Angelegenheit, an der das ganze Dorf teilhatte. Nach einem Mittagessen für die nahe Verwandtschaft beider Seiten fand am frühen Samstagnachmittag die Trauung statt. In der überfüllten Kirche gab es einen regulären Gottesdienst, in dem der Pfarrer zum Trautext predigte und den der »Liederkranz« festlich umrahmte. Anschließend versammelte man sich im Gasthof zu Kaffee und Hefezopf, von den Brauteltern gestellt; natürlich war auch der Pfarrer eingeladen und bekam einen Ehrenplatz am Tisch des Brautpaars. Abends gab es traditionell Bratwurst und Kartoffelsalat, was jeder aus eigener Tasche bezahlte, und abschließend Tanz bis um Mitternacht. Bevor ein Gast nach dem Kaffee oder am Abend das Lokal verließ, ging er zum Brautpaar hin, beglückwünschte es und drückte ihm dabei einen Geldschein – die *Hauzigschenke* (das Hochzeitsgeschenk) – in die Hand. Jeder wusste genau, was er, entsprechend seiner Stellung in der sozialen Hierarchie, zu geben hatte. Die *Hauzigschenke* war einerseits ein gewisser Ausgleich für das, was in die Feierlichkeiten zu Gunsten der Allgemeinheit investiert worden war, andererseits ein kleines Startkapital, das dem Brautpaar den Einstieg in ein eigenes Hauswesen erleichtern sollte. Ich selbst war bei den Hochzeiten zweier meiner *Bäsle* als Brautführer mit dabei. Die Brautjungfer, die einem zugesellt wurde, stammte immer aus der weiteren Verwandtschaft. Oft stand dahinter die bestimmte Absicht, zwei junge Leute einander näher zu bringen, von denen man aus sehr unterschiedlichen Gründen annahm, dass sie zusammenpassen würden. Manchmal ging diese Rechnung

Hochzeitszug durch den *Flecken*, ein Ereignis, bei dem die Kinder natürlich interessiert zuschauen.

tatsächlich auf! Für den Ablauf der ganzen Hochzeitszeremonie gab es auch für die Brautführer genaue Vorschriften, und als »Hereingeschmeckter« war ich mir nicht immer sicher, ob ich sie auch richtig befolgen würde. So war ich glücklich, wenn sich ohne besondere Vorkommnisse der Brautzug vor der Kirche formierte: Die Blumen streuenden bekränzten Kinder in weißen Kleidchen voraus, sodann das Brautpaar, sie in weißem Kleid mit Schleier und Brautstrauß, er im dunklen Anzug und mit Krawatte, dahinter die Brautführerpaare, die Brautjungfern in langen farbigen Kleidern und neben ihnen die Brautführer mit Blumensträußchen am Revers. Es folgten die Eltern des Brautpaares und die Verwandten und Bekannten, schließlich alle, die in der Kirche mit dabei gewesen waren und dem Brautzug anschließend Spalier gestanden hatten.

Seit 1945 war die Kirchengemeinde auch Träger des Kindergartens. Er befand sich noch in dem Raum der ehemaligen NSV (Nationalsozialistische Volkswohlfahrt)-Kinderschule beim *Konsum* und wurde von Tante Lina geleitet. Für die etwa dreißig Kinder waren die räumlichen Verhältnisse sehr beengt, die Ausstattung war schlecht und es gab kein zum Kindergarten gehörendes Freigelände. Die Aufgabe des Kindergartens wurde damals noch hauptsächlich unter dem Aufbewahrungsgesichtspunkt gesehen. Die Bäuerinnen konnten während der Zeit, in der die Kinder die Kinderschule besuchten, ihren vielfältigen Verpflichtungen in Haus und Hof ohne Ablenkung durch die Kinder nachkommen, und sie schätzten dies sehr. Natürlich wanderten die Kinder jeden Morgen allein über die Dorfstraßen zum Kindergarten und am Mittag auch wieder zurück. Da gab es manches Neue zu sehen und zu bestaunen und keinen Verkehr, der ihnen hätte gefährlich werden können. Trotz der ärmlichen Verhältnisse und des knappen Personals bekamen die Kinder viele Anregungen bei Spiel, Gesang und Erzählung, sodass es kaum ein Kind gab, das nicht gerne in den Kindergarten gegangen wäre.

Das sonstige kulturelle Leben

Neben Schule und Kirche wurde das kulturelle Leben in Isingen um 1950 maßgeblich vom Männergesangverein »Liederkranz« geprägt, der nach dem Ersten Weltkrieg gegründet worden war und 1947 seine Aktivitäten wieder aufnahm. Er bestand aus einem Männer- und einem gemischten Chor und hatte zu dieser Zeit etwa 40 aktive und 100 passive Mitglieder. Man sieht: Wer im Dorf etwas auf sich hielt, war mit dabei! Vorstand war der *Ruoffe-Rudel* (Rudolf Ruoff), der uns in anderen Zusammenhängen schon mehrfach begegnet ist und der in allen Bereichen des Gemeindelebens eine wichtige Rolle spielte. Die beiden Chöre trafen sich einmal wöchentlich zu Probeabenden und traten regelmäßig in der Kirche an Festtagen, bei Hochzeiten und Beerdigungen, aber auch bei feierlichen Anlässen in der Gemeinde, so beim Volkstrauertag, in Erscheinung. Besonders zu erwähnen ist die Theatergruppe des »Liederkranz«, die jedes Jahr bei der Weihnachtsfeier des Vereins ein populäres, oft in Mundart gehaltenes

Stück aufführte und dafür vom ganzen Dorf großen Beifall bekam. Die beiden Chöre wurden von zwei verschiedenen Dirigenten geleitet; der eine davon war meist der Lehrer der Dorfschule. Bei der Teilnahme am Gausängertreffen oder am Gauliederfest wurden große Erfolge erzielt, auf die die Sängerinnen und Sänger zu Recht stolz sein konnten. Das Wichtigste aber war, dass man sich regelmäßig bei den Chorproben traf, dass die Gelegenheit genutzt wurde, zwischenmenschliche Beziehungen zu pflegen und gemeinsam daran zu arbeiten, einem oft recht hoch gesteckten Ziel näher zu kommen. Natürlich bekam man auch in Isingen beim Singen Durst! Vor allem die Männer saßen nach den Chorproben noch im »Rössle« oder in der »Traube« zusammen und besprachen die wichtigen oder auch weniger wichtigen Ereignisse der Woche. Aber im Vergleich zu anderen Orten arteten diese Zusammenkünfte selten oder nie zu richtigen Saufgelagen aus, und man machte sich – der Ortssitte folgend – zeitig und leise auf den Heimweg.

Auch damals wurde von den Jugendlichen und jungen Leuten in ihrer wenigen Freizeit schon gekickt und auch geritten. Ein paar Isinger Jungbauern waren in der Reitergruppe Rosenfeld-Isingen aktiv, einem losen Zusammenschluss von Interessenten aus beiden Orten. Immerhin fuhren mein Bäschen Klara und ihr aus Rosenfeld stammender Mann bei ihrer Hochzeit mit einer mit zwei Schimmeln bespannten Kutsche der Reitergruppe vom Gasthaus »Sonne« in Rosenfeld, aus dem der Bräutigam stammte, in die Kirche. Dies sorgte damals für einiges Aufsehen. In Isingen kam es erst 1954 zur Gründung des Vereins der »Sportfreunde Isingen«, der heute über einen schönen Sportplatz und eine Turnhalle mit Vereinsheim verfügt und dem sich 1967 eine Reiterabteilung anschloss, der etwa ein Drittel der über 300 Mitglieder angehören.

Handel und Gewerbe

Für den örtlichen Bedarf gab es 1950 zwei Einzelhandelsgeschäfte in Isingen: die in privatem Besitz befindliche Kolonialwarenhandlung Stoll und eine Filiale der Konsumgenossenschaft Balingen. Beide Geschäfte waren räumlich sehr beengt, der *Stoll* noch mehr als der *Konsum*. Und in beiden Geschäften zusammen gab es so ziemlich alles zu kaufen, was man zum täglichen Leben – zusätzlich zu dem, was man im eigenen Betrieb erwirtschaftet hatte – brauchte: von der Mausefalle bis zum *Kälberstrickle,* von der Kittelschürze bis zur Schuhwichse, von Zucker und Salz bis zum Senf, vom einfachen Geschirr bis zu Samentütchen für den Garten, von Nähnadeln bis zum Essbesteck. Im Grund war es das Angebot eines Warenhauses, auf den wenigen Quadratmetern bis zur Decke in Regalen gestapelt und in Schrankschubladen untergebracht. Zucker wurde im offenen Sack, der vor der Verkaufstheke auf dem Boden stand, angeboten und die gewünschte Menge von der Verkäuferin mit einer kleinen Aluminiumschaufel in eine Papiertüte abgefüllt und auf der Hebelwaage mit den entsprechenden Gewichten ausgewogen. Es gab natürlich keine Selbstbedienung und die wenigsten Artikel

Frühjahrs-Blumenmarkt in Isingen

waren bereits fertig abgepackt. Die einzelnen Beträge des Einkaufs wurden entweder im Kopf oder auf einem Zettel addiert und nur der Endbetrag in die einfache Kasse eingetippt. Auf der Theke stand ein großes Bonbonglas mit roten Zuckerhimbeeren. Kleine Kinder gingen gerne mit zum Einkaufen, weil sie wussten, dass sie ein Bonbon geschenkt bekommen würden. Größere, die allein zum *Stoll* geschickt worden waren, zweigten vom Haushaltsgeld schon einmal einen Pfennig ab und kauften ein Päckchen *Friedel-Brausepulver,* das sie dann auf dem Heimweg genüsslich aus der hohlen Hand schleckten. Offiziell waren genaue Öffnungszeiten vorgeschrieben, die vom *Konsum,* in dem eine Angestellte tätig war, auch pünktlich eingehalten wurden, in der Erntezeit aber oft nicht ausreichten, weil man erst zu spät aus dem Feld nach Hause kam. Zum *Stoll* konnte man, weil die Besitzer im Haus wohnten, eigentlich immer kommen, dann aber eher heimlich und leise. Ob es die Angst war, vom *Landjäger* bei verbotenem Tun erwischt, oder die Befürchtung, aus Konkurrenzneid vom *Konsum* angezeigt, oder doch mehr der Wunsch der Besitzer, außerhalb der Öffnungszeiten möglichst nicht behelligt zu werden, wer weiß. Ich jedenfalls erinnere mich, dass man sich wirklich nur im äußersten Notfall dazu entschloss. Sicher gab es bei den Kunden Vorlieben für den einen oder den anderen Laden; die meisten jedoch kauften in beiden Geschäften ein, schon deswegen, weil sich deren Angebot auch in gewisser Weise ergänzte, man also einen bestimmten Kauf nur beim einen oder beim anderen tätigen konnte.

Für manche Artikel, die man im Haushalt benötigte, spielten die Hausierer eine wichtige Rolle. Sie kamen mit ihrem Bauchladen regelmäßig ins Dorf und man kannte sie mit Namen. Sie gingen von Haus zu Haus und hatten im großen Ganzen immer dasselbe Angebot, seien es *Schuhbändel* oder Rasierklingen, Nähgarn oder Stecknadeln, Zahnpasta oder Seife. Gelegentlich kam es vor, dass man von alledem nichts brauchte, und man machte nur ein mehr oder weniger langes Schwätzchen. Der Hausierer kam ja auf seiner Tour regelmäßig durch die benachbarten Dörfer und wusste über Verwandtschafts- oder Bekanntschaftsbeziehungen bestens Bescheid. So hatte er immer Neues und Interessantes zu berichten. In der Regel war es aber so, dass man sich in Erwartung des nächsten Besuches schon die eine oder andere Sache vorgemerkt hatte, die man beim Hausierer kaufen wollte. Vor allem, wenn er neue Ware im Angebot hatte, aber auch, wenn er die Kauflust allgemein etwas anregen wollte, wies er darauf hin, dass er dies oder das heute schon mehrmals verkauft habe, zuletzt bei der und der Nachbarin. So nützte er geschickt die ungeschriebene, aber allen immer bewusste soziale Hierarchie im Dorf als Verkaufsargument! Die Hausierer waren zu dieser Zeit natürlich zu Fuß, allenfalls mit dem Fahrrad unterwegs und nutzten, wenn es in ihre Logistik passte, zwischendurch einmal den Postbus oder die Bahn; über Nacht blieben sie in einem möglichst billigen Dorfgasthof, natürlich ohne Nasszelle, meist nicht einmal mit fließendem Wasser.

Einmal im Jahr zog auch der Scherenschleifer durchs Dorf und bot seine Dienste an. Seine kleine Werkstatt baute er am Straßenrand auf und verlegte sie ein Stück weiter, wenn keine Kunden mehr kamen. Den Schleifstein trieb er über einen Riemen mit einer Fußtretkurbel an. Aus den umliegenden Häusern brachten Frauen und Kinder Scheren und Messer, die vom Scherenschleifer sachverständig gemustert, geschliffen und, wo nötig, auch repariert und wieder instand gesetzt wurden. Seine Arbeit, von der man etwas Ordentliches erwartete, ließ er sich recht gut bezahlen. Er fühlte sich zweifellos als Spezialist, der sein Geld wert ist.

Wichtig für die Versorgung der Bevölkerung waren auch die Krämermärkte, die zwei Mal im Jahr in Rosenfeld stattfanden. Dort konnte man so ziemlich alles kaufen, was man für sich selbst, für Haus und Hof benötigte: Werktagskleidung und Arbeitsschuhe, Bettwäsche und Tischdecken, Stoffe und Wolle, Gläser und Geschirr, Töpfe und Pfannen, Besteck und Kochlöffel, Werkzeuge, Schrauben, Nägel, Ge-

Säulesmarkt **(Ferkelmarkt) in Rosenfeld**

räte für die Feldarbeit oder auch nur vorgefertigte Stiele für Axt oder Pickel. Und immer war da auch mindestens ein Marktschreier, der – ohne Mikrofon – auf sich und seine Wunderware (einen neuartigen Kartoffelschäler, ein Gerät zum Kirschenaussteinen, eine Vorrichtung für das Rettichschneiden ...) aufmerksam machte und geschickt und fingerfertig vorführte, wie schnell und unkompliziert man damit bis dato langwierige und schwierige Küchenarbeit erledigen konnte. Mindestens genauso wichtig wie das Einkaufen selbst war, dass man auf dem Krämermarkt Verwandte und Bekannte aus den umliegenden Dörfern, aus Bickelsberg, Leidringen oder wie sie alle hießen, traf und mit ihnen ins Gespräch kam über das Wetter und die Arbeit, über Krankheit und Unfälle, über Gemeindepolitik und allgemeine Probleme des Bauernstandes und vieles andere mehr. Und natürlich wurde die eine oder andere Person, die sich irgendwo und irgendwie auffällig verhalten hatte, vereint tüchtig durchgehechelt.

Während die Krämermärkte mindestens genauso häufig von Frauen wie von Männern besucht wurden, waren die Schweine- und Viehmärkte, ebenso der Pferdemarkt in Rosenfeld hauptsächlich Männersache. Die Schweine beförderte man in besonderen Holzgattern, die man auf den Mistwagen lud. Das Vieh, ob Kälbchen, Rind, Kalbin oder Kuh, wurde über die Straße direkt aufgetrieben, meist am Halfter von einer Person geführt und von einer zweiten begleitet, die mit einer Peitsche hinterherging. Pferde spannte man vor einen Wagen und fuhr zum Markt; Fohlen liefen am Halfter mit. Rund um den Markt gab es Geländer, an denen die Tiere festgebunden

werden konnten. Alle Verkaufsverhandlungen fanden öffentlich statt und wurden vom Publikum, das immer anwesend war, sachverständig kommentiert. Die Einigung besiegelte man mit Handschlag, die Bezahlung erfolgte in bar. Nach dem Abschluss lud der Verkäufer den Käufer zu einem Umtrunk in die »Post« oder die »Sonne« ein, und manchmal feierte man so ausführlich, dass man Schwierigkeiten hatte, den Weg nach Hause zu finden. Das Vieh verkaufte man in der Regel an einen anderen Bauern, nahm auch schon einmal eine Kalbin wieder mit nach Hause, wenn sich kein Käufer fand. Aber es waren immer auch Metzger da, die das verbleibende Vieh am Schluss des Marktes aufkauften, natürlich nicht zu dem Preis, den der Bauer sich eigentlich erhofft hatte. Auf dem Schweinemarkt ging es hauptsächlich

Farren-Nachkörung auf der *Wöhrd* in Rosenfeld

Im Haus von Werner Halter in der Hinteren Gasse in Rosenfeld war eine Zweigstelle der Württembergischen Landessparkasse untergebracht.

um Ferkel, die paarweise den Besitzer wechselten, seltener um den Verkauf ausgewachsener Sauen, dann hauptsächlich an den Metzger. Der Pferdemarkt war in erster Linie ein Fohlenmarkt, doch wechselten auch junge, bereits als Zugtiere eingewöhnte Pferde den Besitzer. Wenn es um wertvolles Zuchtvieh ging, musste der Markt des Fleckviehverbandes in Rottweil besucht werden, was im Vergleich zum Markt in Rosenfeld für einen Isinger Bauern einen ganz erheblichen Aufwand bedeutete, vor allem durch den Transport des Viehs.

1950 war auf Anregung des Lehrers Johannes Schwenk, der auch zum ersten Vorsitzenden gewählt wurde, von einigen Bauern Isingens eine »Mosterei-, Ein- und Verkaufsgenossenschaft« gegründet worden, die als »Ländliche Warengenossenschaft e. G. Isingen« auch heute noch existiert und ihr Warenangebot dank des Einsatzes meiner Base Rosa Merkle nicht nur auf Futter, Düngemittel und Brennmaterialien, sondern auch auf Haus- und Gartengeräte, Arbeitskleidung und vieles andere mehr ausgedehnt hat. Damals, wie auch heute noch, war Gegenstand des Unternehmens der Betrieb einer mechanischen Mosterei. Damit hängte man sich an den Modernisierungsschub an, mit dem überall im Land neue Mostereien in Betrieb genommen wurden, die bei gleich viel Mostgut eine erheblich höhere Ausbeute an Saft versprachen. Und Most wurde damals in Isingen noch gern und viel getrunken!

Die meisten Geldgeschäfte wickelten die Isinger zur Berichtszeit noch in bar ab. Man bewahrte auch eine größere Summe für kurze Zeit zu Hause in einem verschlossenen Kästchen in der Kommodenschublade auf, gab sie aber alsbald wieder aus, da sie, längst bevor man sie überhaupt eingenommen hatte, für etwas dringend neu zu Beschaffendes verplant worden war. Wollte man doch etwas Geld auf ein Sparbuch einzahlen, oder musste man – was man wenn irgend möglich vermied – Schulden machen, so ging man entweder zur Volksbank nach Rosenfeld oder zur Nebenzweigstelle der Sparkasse in Isingen. Mit der Volksbank Rosenfeld bestanden traditionell enge Verbindungen. Viele Isinger, aber natürlich auch Bürger aus Rosenfeld und anderen Gemeinden des Umlandes, waren Mitglieder der Bankgenossenschaft, und der Landwirt Wilhelm Keck aus Isingen war im Aufsichtsrat der Bank, die in Rosenfeld über ein eigenes ansehnliches Gebäude verfügte. Die Nebenzweigstelle der Kreissparkasse Balingen befand sich in einem Privathaus in der Gartenstraße und wurde von der Familie Stotz nebenberuflich betrieben. Hier wurden also in Isingen selbst alle Bankleistungen eines Kreditinstituts angeboten und wohl vor allem von den Bürgern wahrgenommen, die nicht als Genossen an der Volksbank Rosenfeld beteiligt waren.

Die an sich üblichen Dorfhandwerksbetriebe gab es in Isingen um 1950 – außer einer Schreinerei – nicht mehr. Sie waren in den Dreißiger- und Vierzigerjahren teils altersbedingt, teils wegen des Kriegsdienstes ausgestorben, und für eine wirtschaftlich erfolgreiche Weiterführung erwies sich das Dorf als zu klein. So ging man eben zum Schmied oder zur Firma Sülzle nach Rosenfeld und ließ dort die Pferde beschlagen oder Reparaturen an Maschinen durchführen. Der Schuhmacher saß in Geislingen. Dort musste man häufig zu Fuß oder mit dem Fahrrad hin, denn vor allem die Arbeitsschuhe ließ man nicht nur neu besohlen oder deren Absätze flicken; es wurden auch Kappen aufgeklebt und aufgenäht, wenn der große Zeh sich durch das Oberleder gebohrt hatte. Der Geislinger Schuster kam in umgekehrter Richtung ebenfalls in das Dorf, sammelte lädierte Schuhe ein und brachte die reparierten nach einer angemessenen Frist wieder zurück. Auch zum Wagner oder zum Schneider ging man in einen der Nachbarorte. Der Küfer kam im Herbst nach Isingen. Dann standen überall die Mostfässer im Hof der Bauernhäuser, wurden von den Bauern geöffnet, gereinigt, wieder verschlossen und zum Abdichten durch Aufquellen der Dauben mit Wasser gefüllt, um die während des Sommers im Keller durch *Verlechern* (Austrocknen) entstandenen Schäden zu beseitigen. Für Reparaturen an den oft alten Fässern, für das zusätzliche Abdichten zwischen den Dauben mit Schilf, für das gleichmäßige Setzen der lockeren Fassreifen und das erneute Einpassen des Fassdeckels wurde dann der Küfer herangezogen, und noch heute sehe ich ihn mit seinem speziellen Reifenhammer das Fass immer und immer wieder umrunden und mit leichten Schlägen gleichmäßig die Fassreifen festklopfen. Im Dorf gab es den Adam, der für Malerarbeiten, insbesondere für das Streichen und Walzen der Kammerwände herangeholt wurde, der aber sicher kein Malergeschäft angemeldet hatte und die Malerei nur als Nebenerwerb betrieb. Kleinere Reparaturarbeiten an Wänden und Dächern führte man selbst durch, holte sich allenfalls Rat und Hilfe bei einem anderen Dorfbewohner, der ein ähnliches bauliches Problem schon einmal zufriedenstellend gelöst hatte.

Der einzig verbliebene Handwerksbetrieb, eine Bau- und Möbelschreinerei, wurde 1948 von dem eben erst aus der Kriegsgefangenschaft zurückgekommenen Ernst Merz gegründet. Dort stellten ein paar Leute, unter ihnen immer auch ein Lehrling, Möbel, Türen und Tore her; ebenfalls wurden alle beim Innenausbau eines Hauses erforderlichen Schreinerarbeiten durchgeführt. Auch die alte handwerkliche Kunstfertigkeit pflegte man weiter: Mein Vater ließ dort in alter Isinger Bauart zwei Bauernstühle nach einem Muster aus seinem Elternhaus zu seiner vollen Zufriedenheit nachbauen, ohne dass eine moderne Maschine dafür benutzt worden wäre!

Wolfgang Schildge

Von Masuren auf die Schwäbische Alb

Erinnerungen des Ostpreußen und Schwaben Bernhard Friede

Im seenreichen Masuren verbringt Bernhard Friede eine unbeschwerte Kindheit. Doch gegen Ende des Zweiten Weltkriegs verschlägt es den Siebzehnjährigen auf die Schwäbische Alb. Seine Familie in Ostpreußen gilt als verschollen; Friede beschließt zu bleiben und lebt sich zuversichtlich in seine neue Heimat ein.

192 Seiten, 36 Abbildungen, fester Einband.
ISBN 3-87407-653-9

Anna Willi

Hilf dir selbst, dann hilft dir Gott

Mein Leben als Magd und Bäuerin

Fesselnd erzählt Anna Willi von ihrem arbeits- und entbehrungsreichen Dasein als Magd und spätere Kleinbäuerin in Oberschwaben, der Schweiz und dem Gebiet zwischen Schwäbischer Alb und Schwarzwald.

288 Seiten, 10 Abbildungen, fester Einband.
ISBN 3-87407-652-0

Albrecht Faber

Tübingen in den 50er Jahren

Frühe Farbaufnahmen einer alten Universitätsstadt. Erläutert von Udo Rauch.

Faszinierende fotografische Kostbarkeiten zeigen Tübingen, wie es vor 50 Jahren war. Der Tübinger Professor Albrecht Faber streifte in den Fünfziger Jahren durch die Universitätsstadt Tübingen und dokumentierte verwitterte Fassaden und Häuser, alte Brunnen, Türen, abgelegene Gassen und Winkel. Bis heute leuchten seine Fotos in zarten, pastelligen Farben. Der Bildband präsentiert erstmals eine Auswahl von etwa 100 Aufnahmen.

100 Seiten, 98 Farbaufnahmen, fester Einband.
ISBN 3-87407-566-4.

Zöpfe ab, Hosen an!

Die Fünfzigerjahre auf dem Land in Baden-Württemberg.

Nie gab es im ländlichen Raum Baden-Württembergs so große Veränderungen wie in den Fünfzigerjahren. Dieses Buch lässt die spannungsvolle Zeit Revue passieren – mit Themenbeiträgen und vielen originellen Fotos aus allen Teilen des Landes.

Herausgegeben von der Landesstelle für Museumsbetreuung Baden-Württemberg und der Arbeitsgemeinschaft der regionalen ländlichen Freilichtmuseen Baden-Württemberg.
216 Seiten, 162 teils farbige Abbildungen, Großformat.
ISBN 3-87407-505-2

In Ihrer Buchhandlung.

Silberburg-Verlag